Copyright © 2022 por Camila Vidal

Todos os direitos desta publicação são reservados à Casa dos Livros Editora LTDA. Nenhuma parte desta obra pode ser apropriada e estocada em sistema de banco de dados ou processo similar, em qualquer forma ou meio, seja eletrônico, de fotocópia, gravação etc., sem a permissão dos detentores do copyright.

Diretora editorial: Raquel Cozer
Coordenadora editorial: Malu Poleti
Editora: Chiara Provenza
Copidesque: Carolina Candido
Revisão: Marina Bernard e Mel Ribeiro
Projeto gráfico de capa e miolo e diagramação: Eduardo Okuno

Dados Internacionais de Catalogação na Publicação (CIP)
Angélica Ilacqua CRB-8/7057

V691c	
	Vidal, Camila
	Como criar o seu negócio do zero : o jeito Moving Girls de empreender / Camila Vidal. -- Rio de Janeiro : Harper Collins, 2022.
	208 p.
	ISBN 978-65-5511-276-4
	1. Empreendedorismo 2. Mulheres I. Título
21-5728	CDD 658.4012
	CDU 658

Os pontos de vista desta obra são de responsabilidade de sua autora, não refletindo necessariamente a posição da HarperCollins Brasil, da HarperCollins Publishers ou de sua equipe editorial.
Rua da Quitanda, 86, sala 218 — Centro
Rio de Janeiro, RJ — CEP 20091-005
Tel.: (21) 3175-1030
www.harpercollins.com.br

CAMILA VIDAL

COMO CRIAR O SEU NEGÓCIO DO ZERO

O jeito **MovingGirls** de empreender

RIO DE JANEIRO, 2022

Ao meu time, que constrói a Moving Girls diariamente comigo.

À minha mãe, Doroty, e à minha irmã, Isis, que sempre me mostraram a importância dos estudos.

E ao meu amor, Rafael Santana, que é meu grande alicerce diário em tudo que faço!

SUMÁRIO

☐ Prefácio por Bianca Andrade	8
☐ Introdução	12
☐ Não espere encontrar um propósito para começar o seu negócio	17
☐ Não se engane: eu errei pra caralho	37
☐ Seu negócio, sua comunidade	63
☐ Como construir sua comunidade?	87
☐ Sua comunidade alavancará suas vendas	101
☐ Como despertar a empresária que há em você	117
☐ Como estruturar o seu negócio?	141
☐ Nicho e persona, para que isso serve?	155
☐ Mentalidade de aço	175
☐ Conselhos que eu gostaria de ter recebido quando comecei	199
☐ Agradecimentos especiais	206
☐ Sobre a autora e a Moving Girls	207

PREFÁCIO

O empreendedorismo é um sonho possível e Camila Vidal pode provar

por Bianca Andrade, fundadora
e CEO da Boca Rosa Company

Quando comecei a acompanhar o trabalho da Camila Vidal com a Moving Girls, vi algo que sempre me chamou muito a atenção em qualquer empresa: a paixão. E empreender, de fato, é apaixonante. Recentemente, a revista *Forbes* compartilhou uma frase minha que resume o que me motiva a continuar empreendendo e acreditando nos meus sonhos: "Seja apaixonado pela sua marca, porque assim ela não o consome". E é exatamente essa paixão, essa força deslumbrante, que encontrei nas palavras da Camila em *Como criar o seu negócio do zero*. A paixão da autora por levar mulheres à dominação mundial é tão potente, que ela nos inspira a realizar o sonho da independência por meio do empreendedorismo.

Enquanto crescia, a minha realidade era a favela, mas meu sonho era mudar de vida, e sempre acreditei que poderia ir além. Isso também é algo que enxergo na Camila, porque, assim como eu, ela deu esse *start* através da internet. Eu comecei a empreender e, mesmo com poucos recursos, consegui fazer meu negócio crescer – afinal, meu canal no YouTube foi, de fato, o meu primeiro negócio –, o que me fez enxergar o quanto podemos ir longe com a nossa capacidade, a nossa paixão e muita força de vontade.

Hoje, sou dona da minha própria marca. Uma empresa que sei, com muito orgulho, que inspira muitas outras pessoas, principalmente mulheres, a fazer acontecer. Sempre me inspirei e prestei atenção em projetos, na imprensa e no movimento de outras empresas que possuem a mesma missão e o mesmo propósito que eu. A Moving Girls é uma delas. Tenho muita admiração pela trajetória da Camila e me anima ver o caminho que ela está abrindo para outras mulheres.

No livro, a autora começa falando logo sobre propósito, e me identifiquei muito com o que ela tem a dizer sobre o assunto. Só é possível encontrar e cumprir o seu propósito com muito trabalho, dedicação, resiliência, vontade de aprender e, como eu sempre gosto de dizer, praticando a arte de fazer do limão uma limonada. Estar atenta ao que o mundo ao nosso redor realiza é uma ferramenta poderosa de negócios. Assim, podemos entender melhor o que as pessoas querem receber, ouvir e consumir. É isso que a Camila faz com a Moving e a notícia boa é que você também vai poder fazer assim que concluir a leitura deste livro.

O que sinto hoje, quando penso na Boca Rosa Company e no meu time, é que realizei um grande sonho, e, mais do que isso, tenho a sensação de que me possibilitou criar e realizar novos sonhos – não só meus e da minha equipe, mas de muitas mulheres que compartilham as mesmas ideias e desejam viver o que a minha marca construiu e constrói. Tenho certeza de que este livro representa não só uma grande conquista para o time Moving Girls, como também marca o início de muitos outros sonhos, que começam a fazer mais sentido e se tornam possíveis a partir desta leitura.

Se você tem vontade de fazer a sua própria história acontecer, assim como eu e a Camila tivemos lá atrás, faça dessa a sua missão após finalizar este livro. Garanto que aqui você vai encontrar todos os conselhos de que uma nova empreendedora precisa para fazer o negócio dar certo.

Para não restar dúvidas de que você está mesmo diante de um livro poderoso, deixo como *spoiler* as palavras-chave: ousadia, paixão, paciência, aprendizado constante e muito trabalho.

Boa leitura!

Bianca Andrade

INTRODUÇÃO

Se eu pudesse ser sua mentora agora, não importando se você já tem um negócio há muito tempo, se você está começando agora ou se ainda nem tirou seus projetos do papel, com certeza te falaria cada palavra que escrevi neste livro!

Existem pilares que podem acelerar totalmente os seus resultados se você focar neles. Para as empreendedoras que estão começando agora, ou mesmo para quem já possui um negócio andando, ter conhecimento e clareza sobre cada um desses pilares é essencial! Simplesmente porque quando somos empreendedoras, temos que lidar com diversos ruídos: autocobrança, dúvidas, insegurança, medo de arriscar, falta de apoio, julgamentos e, principalmente, a falta de direção para os próximos passos!

Quando comecei a empreender, em 2012, eu tinha que lidar com a falta de referências. Era muito difícil achar informação fresca, atual, aplicável e que viesse de pessoas que estavam no campo de batalha junto comigo! Entretanto, era muito fácil encontrar vídeos e obras de quem já havia construído um império e não estava mais naquele processo de crescimento...

E foi exatamente por essa da falta de conhecimento disponível em tempo real que, em março de 2018, criei uma conta no

Instagram e fundei a Moving Girls, me tornando uma das pioneiras em trazer informação recente, direto do campo de batalha, para outras empreendedoras. Hoje, o cenário é muito diferente. A partir de 2021, tivemos uma explosão de contas no Instagram que começaram a falar também sobre empreendedorismo, *branding*, negócios e marketing digital. O problema é que, entre muitos perfis que fazem um trabalho sério e realmente atuam no segmento da educação e desenvolvimento humano, brotaram aqueles que replicam e copiam conteúdo sem ter de fato passado pelas situações que relatavam.

Chegou a um ponto em que isso começou a causar angústias, dúvidas e inseguranças nas empreendedoras que buscavam informações e direção sólida, aplicável e com histórico de resultado! Hoje, existe uma dualidade: é muito fácil alguém começar a ensinar algo na internet, sendo uma oportunidade de compartilhamento de ideias e informações nunca antes vista para os que querem fazer um trabalho sério e servir seus clientes de forma íntegra, mas também se tornou uma brecha para quem acha que replicar conteúdo sobre o qual pouco entende é algo sustentável, mesmo não tendo princípios sólidos e validados sobre isso.

Talvez, nesse momento, você se encontra: perdida, buscando direção, princípios sólidos, caminhos validados e um passo a passo concreto de quem já construiu algo e agora possa te aconselhar e te direcionar como uma mentora. É exatamente isso que eu busco com este livro: ser sua mentora durante a leitura! Quero te apresentar pedaços da minha história, técnicas, metodologias e princípios que desenvolvi ao longo dos últimos anos, desde quando estava começando, num emprego tradicional, fazendo renda extra, empreendendo, até me tornar a empresária, líder, mentora, criadora de um movimento que lida diariamente com milhares de outras empreendedoras buscando a mesma coisa que você: criar um negócio próspero que mude a sua vida e a vida das pessoas a sua volta, que te traga satisfação, abundância, liberdade e realização!

Então, considere, a partir de agora, que este livro será sua experiência de mentoria, comigo como sua orientadora. Nas próximas páginas, você receberá direção, clareza, técnicas e princípios já estabelecidos que te ajudarão a avançar, a dar seus próximos passos e a viver intensamente os seus objetivos, independentemente do ponto que em você se encontra hoje!

CAPÍTULO 1

NÃO ESPERE ENCONTRAR UM PROPÓSITO PARA COMEÇAR O SEU NEGÓCIO

Assim que você verdadeiramente se empenhar para que alguma coisa aconteça, o "como" vai aflorar por si mesmo.

— Tony Robbins

Com toda a certeza do mundo, o que mais paralisa uma empreendedora iniciante é a busca insana por um propósito maior. Podemos perder a cabeça em busca de um significado para o nosso trabalho. Achamos que, para criar uma empresa, é necessário um grande porquê, um motivo nobre que constará nas nossas futuras entrevistas para revistas de sucesso. E é justamente nesse momento que nos sentimos paralisadas.

Mas você não precisa de um propósito para começar a empreender!

Calma, não estou dizendo que você nunca terá um propósito na sua vida. Mas, puta que o pariu, não é preciso pirar desde os primeiros segundos à procura da tal resolução. Isso, na verdade, só fará você se sentir cada vez mais travada.

A ideia de procurar um propósito desde o início também não é produtiva, porque nossos objetivos são mutáveis de acordo com o andamento da nossa vida e da nossa empresa. É um pouco semelhante a quando entramos na faculdade atraídas por determinada matéria do curso que escolhemos, mas, de repente, percebemos que outra disciplina passa a chamar mais a nossa atenção. Os propósitos podem mudar.

Após seis anos procurando o meu propósito, tenho duas verdades chocantes para te contar. Antes disso, no entanto, eu preciso me apresentar.

Meu nome é Camila Vidal e eu sou designer, empresária e fundadora da maior comunidade de empreendedorismo feminino do Brasil, a Moving Girls! Quando comecei a empreender, no ano de 2012, nem ao menos se usava a expressão "empreendedorismo feminino". Apesar de não saber muito bem como se chamava na época, eu sabia que queria viver a experiência de ter meu próprio negócio. A ideia de poder ser a minha chefe sempre me atraiu e me motivou a seguir em frente na empreitada de fazer com que a minha empresa pudesse ser a minha forma de sustento.

É claro que as informações eram bem mais escassas naquela época. Foi em 2012 que o Instagram passou a ser disponibilizado para celulares Android, sendo apenas um aplicativo de fotos. *Call me maybe* era um dos hits do ano e as pessoas sonhavam com o iPhone 5. Parece que tudo isso faz muito tempo, e realmente faz. Foi nesse cenário que eu comecei a dar meus primeiros passos para construir o que hoje posso chamar de meu império.

Levou muito tempo para que eu tivesse coragem de largar o meu emprego CLT. E não pense que quando o fiz já tinha minha vida como empreendedora completamente estruturada. O começo da minha jornada inclui várias aventuras na área de vendas, uma agência e muitas experiências acumuladas durante esse período. E, ao meu ver, mesmo anos depois, a minha jornada ainda está só começando.

O começo de tudo

Voltando ainda mais no passado, devo dizer que a veia empreendedora se fazia presente desde a minha infância. Lembro-me da Camila de 11 anos que com certeza não fazia nem ideia do significado da palavra "empreendedorismo", mas já dava indícios de que faria grandes coisas.

Fui criada pelos meus avós e, nessa idade, minha avó me ofereceu um curso de informática. A grade de programação do curso incluía aprender o Windows XP e o pacote Office, e era com empolgação que eu fazia cada aula. Quando concluí o curso, tive a opção de seguir além do nível básico, e foi quando tive meu primeiro contato com o Adobe Photoshop, ainda adolescente e, pasmem, na versão 5.0.

Eu me lembro de ter me apaixonado perdidamente por todas as possibilidades de criação que aquela ferramenta oferecia. Anos depois, minha avó me presenteou com um computador usado. Sabe aqueles computadores de mesa enormes que a gente cobria com uma capinha transparente para não pegar pó?

Se você não é dessa época, vou fazer uma pequena descrição para você: havia o monitor do computador; a CPU, que é tipo o cérebro do equipamento; o mouse; as caixinhas de som; e o teclado. Cada uma dessas peças tinha uma capinha própria para proteger da poeira, e ai de você se não colocasse a bendita da capa após usar: era bronca na certa. E foi nesse contexto que tive o meu primeiro computador.

Essa era a mesma época da famigerada internet discada. Wi-fi manda lembranças. Para se conectar, era preciso esperar o melhor horário, vulgo aquele em que a internet ficava mais barata e a conta de telefone não viria um absurdo. Em dias úteis, esse horário era depois da meia-noite. Aos sábados, depois das duas da tarde; e aos domingos, o dia inteiro. Bons tempos (ou não)!

Aos 13 anos, eu, como toda adolescente, era fascinada por aquele universo novo que se abria: papear horas a fio com amigos no MSN, entrar nas comunidades mais bombadas do Orkut, atualizar meu perfil do MySpace, ver o que minhas celebridades favoritas escreviam no Twitter, acessar blogs para me informar das últimas novidades, postar fotos no Fotolog, e até arriscar mudar o layout do meu blog... É engraçado como parece que isso tudo aconteceu milênios atrás quando, na verdade, tenho só 28 anos. A internet evolui tão rapidamente que atividades que hoje são comuns podem, daqui dois anos, se tornar obsoletas.

Eu me lembro até hoje da sensação de felicidade que tive ao ganhar meu primeiro computador e poder fazer um esforço para mexer no Photoshop. Eu sei que estou parecendo nostálgica, mas é quase impossível descrever, para quem não viveu essa época, a explosão de possibilidades e de sentimentos que era acessar a internet aos 13 anos de idade.

Para instalar o programa da Adobe que seria a minha porta de entrada para um mundo novo, tive que colocar o CD de instalação no gabinete da CPU. Passava horas ouvindo Linkin Park e fazendo montagens para publicar nos blogs que criei sobre a banda.

Inicialmente, o que me fascinava era poder compartilhar as imagens que criava sobre um grupo de rock que amava. Conforme os anos foram passando, eu passei a me interessar ainda mais pelo universo da internet e da criação. Baixava todos os programas novos, aprendia HTML sozinha e assistia a vídeos do YouTube para me atualizar.

Eu sempre cultivei uma postura mais autodidata e me orgulhava de ficar a madrugada inteira aprendendo a criar um site sozinha, a produzir materiais criativos, a criar peças e melhorar arquivos que já tinha. Aos poucos, meus interesses foram amadurecendo, e foi aí que percebi que podia ganhar um dinheirinho com o que tinha aprendido. Então, comecei a criar cartões para vender na escola. Começava a pôr em prática meu gosto por empreender e, naturalmente, sempre procurava ideias de como tornar essa jornada conhecida. Foi quando finalmente foquei nos blogs.

Eu tinha plena convicção de que teria um blog muito inovador e que ele seria conhecido por todos, mas passei anos criando e deletando, sem nunca publicar nada. Não me sentia pronta, não achava que os meus textos eram bons ou que seriam realmente inovadores. Eu via tantas garotas com seus blogs e twitters bombados e queria muito criar algo meu, ter alguma ideia muito incrível que fosse minha.

A ideia do propósito

A verdade é que eu não conseguia permanecer numa ideia durante muito tempo. Sempre que via algo novo, queria fazer o mais rápido possível e, para isso, engavetava milhares de projetos e fracassava em quase todos. Sabe aquela sensação estranha de querer dominar o mundo, mas, ao mesmo tempo, sentir-se sem rumo entre tantas formas de dominação diferentes?

Passei minha adolescência inteira navegando pela internet, explorando todas as maravilhas dos blogs e redes sociais, estudando e me atualizando sobre as minhas ferramentas de edição de imagem favoritas. Acho que, por acompanhar muitas pessoas que ficaram famosas na internet simplesmente por colocarem em prática ideias pelas quais eram apaixonadas, cultivei em mim a necessidade de também ter algo incrível e definitivo para criar!

Pode ser que eu mesma tenha achado que nada daria certo sem um propósito; afinal, todos ressaltam a necessidade dele para que as coisas corram como queremos. Na maioria das vezes, o propósito é ajudar outras pessoas. Mas a realidade é que eu queria construir algo foda para mim primeiro. Não estava pensando em ninguém, só em ter algo meu e ser realizada com aquilo. É uma questão lógica para mim.

É importante ajudar os outros, mas, para isso, precisamos estar bem e realizadas.

O meu objetivo era fortalecer o meu império e, assim, poder contribuir da melhor forma possível com o mundo à minha volta.

Sempre tive clareza disso: eu queria me realizar, ser independente e forte, concentrando todo o meu empenho em minha própria realização, construindo a minha história e conquistando a minha independência. Após estar fortalecida e com os recursos de minha experiência e negócios, ajudaria as pessoas. E foi na internet que vi um caminho possível para isso.

A internet foi, desde o seu surgimento, um palco de infinitas possibilidades, como falamos aqui. Se naquela época de internet discada já havia um turbilhão de sensações, imagine com o passar dos anos e o surgimento das redes sociais e da internet rápida?

A verdade é que esse sentimento de ter algo grandioso sempre esteve comigo e, apesar de não saber muito bem como administrar, eu sentia lá no fundo do meu coração que queria ter algo criado por mim que fosse incrível. Essa ideia estava comigo desde o momento em que eu quis criar um blog.

Acho que agora você já está um pouco mais preparada para ouvir aquelas duas verdades chocantes sobre propósito que eu ia contar no começo deste capítulo, né?

Quer ter um propósito? Movimente-se

Bom, seu propósito só vai se apresentar quando você estiver em movimento, e, mais do que isso, ele vai mudar muitas vezes, como se fosse um ciclo! Doeu? Espero que não, porque se livrar do peso de encontrar um propósito vai te levar direto a um ambiente de execução e resultado.

Vou contar aqui a "adaptação" que fiz à minha realidade do Círculo Dourado de Simon Sinek, do livro *Comece pelo porquê*.[1]

---

[1] SINEK, Simon. **Comece pelo porquê: como grandes líderes inspiram pessoas e equipes a agir**. Rio de Janeiro: Sextante, 2009.

Seu propósito
só vai se apresentar
quando você estiver em
movimento e, mais do
que isso, ele vai mudar
muitas vezes, como se
fosse um ciclo!

— Camila Vidal

O Círculo Dourado é um gráfico em forma de alvo que tem como objetivo organizar uma empresa em *O quê – Como – Por quê*. O autor explica que essa organização consiste basicamente em:

O QUE: toda companhia e toda organização do planeta sabe o QUE faz. Não importa se é grande ou pequena, nem o campo de atividade. Todo mundo é facilmente capaz de descrever os produtos ou serviços que sua companhia vende – o QUÊ *é fácil de identificar.*

COMO: algumas companhias e algumas pessoas sabem COMO elas fazem o QUE fazem. Quer você os chame de "proposta de valor diferenciada", "processo patenteado" ou "proposição exclusiva de venda", os COMOS *são apresentados com frequência para explicar o modo pelo qual alguma coisa é diferente ou melhor. Não tão óbvio quanto* o QUÊ, muitos acham que esses são os fatores diferenciadores ou motivadores em uma decisão.

POR QUE: pouquíssimas pessoas ou companhias conseguem articular com clareza POR QUE fazem O QUE fazem. Quando falo do PORQUÊ, não estou me referindo a ganhar dinheiro – isso é uma consequência. Com o PORQUÊ, refiro-me a qual é seu propósito, sua causa ou sua crença. POR QUE sua companhia existe? POR QUE você sai da cama toda manhã? E POR QUE alguém deveria se importar?

O meu Círculo Dourado

Como eu disse, o desejo de empreender sempre esteve em minha cabeça. A vontade de conquistar a minha independência era, inicialmente, o meu PORQUÊ. Esse era o meu maior objetivo, independentemente de como acontecesse. Poderia ser empreendendo, criando oportunidades de negócios, vendendo o que fosse, já que a ideia de vendas se fazia presente em minha mente e se manifestou em cartões, roupas e outros itens que já vendi.

Então comecei a criar conteúdo, trazendo inspiração para a comunidade da Moving. Não ficava parada. Estava sempre buscando crescer, aprender, aumentar minhas possibilidades. Sentia que ainda não tinha como descrever a causa, o propósito do meu negócio, e isso me impulsionava a continuar caminhando com a intenção de evoluir e construir minha própria história.

Quando a Moving Girls começou a crescer, eu não ficava vidrada em outras empresas, pesquisando o que estavam fazendo e quais eram os seus propósitos. Eu agia em nome da comunidade que estava criando e tinha como inspiração minhas próprias ideias e vontades. Creio, inclusive, que isso tenha contribuído para hoje sermos referência no país: nos diferenciamos das demais, o que nos fez reunir muitas seguidoras e alunas.

Era guiada pelo meu instinto de compartilhar a minha busca pela liberdade financeira, incentivando outras mulheres a fazer o mesmo e mostrando que é possível, sim, almejar uma história de sucesso empreendendo, inspirando pessoas, criando soluções, trabalhando muito e, obviamente, tendo resultados e ganhando dinheiro.

Será que não foi sempre esse o PORQUÊ da Moving? Alimentar nas mulheres o desejo pela liberdade financeira, mostrar e conduzir as empreendedoras à construção das próprias histórias, validar os resultados que temos e a importância de focá-los para continuar crescendo, e reiterar que

as mulheres merecem e têm cacife para uma vida abundante.

Mas, como o próprio Simon Sinek cita no livro, é difícil descrever com clareza o PORQUÊ.

Aos poucos, fui aprendendo e construindo a empresa. Foram necessários muitos redirecionamentos e replanejamentos, mas nunca tive medo de testar, mudar e ousar. Implementei estratégia, mudei estratégia, lancei produto, atualizei produto, revisei a estrutura da empresa, comecei a delegar e vi minha equipe crescer. Durante todo esse tempo, o propósito foi sendo lapidado, a cada dia tendo uma percepção mais apurada do que, de fato, a empresa significava e significa no mercado.

Novas ferramentas digitais foram aparecendo e tomando forma, por vezes de maneira mais evidente. Isso, entretanto, nunca me amedrontou. Muito pelo contrário.

Seja você em muitos lugares diferentes

Se você conhece a Moving, e acredito que sim, sabe o quanto defendo a importância de se fazer presente em mais plataformas. As possibilidades na internet são inúmeras, mas a nossa empresa não pode depender de uma única plataforma, é um risco muito grande a se correr.

Ainda que, quando comecei, as plataformas não fossem tantas e tão dinâmicas quanto agora, essa ideia sempre fez parte do meu discurso. Desde o início, eu já falava que era preciso investir em negócios digitais multiplataformas para não se tornar refém de uma única plataforma digital.

E, claro, também defendia a importância de entender as plataformas em que você se faz presente. Afinal de contas, não adianta criar um perfil novo na rede social do momento se você não sabe o tipo de conteúdo que faz sucesso ali. Isso demanda estudo e atualização constantes acerca desse universo para garantir o sucesso do negócio, independentemente de onde ele estiver hospedado.

Imagine ter de refazer seu plano de negócios a cada nova atualização? Um pesadelo! E por falar em plano de negócios, é importante debatermos também um pouco esse tema. Pensar grande quando se trata da sua empresa não significa ter, desde o início, todas as respostas e toda a estrutura necessária para que ela seja grande.

É claro que se você tem a possibilidade de fazer investimentos expressivos na sua empresa desde o início, o cenário fica muito melhor. Mas essa não é a realidade de grande parte das empreendedoras da comunidade Moving Girls. Eu sei porque conheço vocês, ouço as dores que são compartilhadas nas nossas plataformas e entendo. Já passei pela mesma coisa.

Então, é importante priorizar. E aqui vou ensinar você a priorizar o que realmente importa e aprender a ignorar muitas dicas que podem ser inúteis para o seu negócio. Está pronta para começar a sua dominação mundial?

Plano de negócios

Se você já fez o exercício de pesquisar como abrir o seu próprio negócio, com certeza já se deparou com listas enormes de coisas que devem ser feitas. Essas listas são assustadoras e podem espantar até a mais animada das empreendedoras. A boa notícia é que não é necessário nada disso. Sim, é isso mesmo que você leu.

Você não precisa de um plano de negócios, propósito, missão, valores e outras definições que tanto falam por aí na hora de abrir a sua própria empresa. Sabe qual é o primeiro e mais importante passo? Definir o que você quer mais que tudo. Você quer dinheiro? Busca mais liberdade? Deseja um trabalho extra? Tem vontade de sair do seu emprego?

Essa definição vai ajudar você a entender a sua principal motivação. O propósito vem depois, como lapidação do que foi construído. Essas, no entanto, não foram conclusões às quais cheguei nos meus primeiros anos de empreendedora. Quero explicar como passei a ter esse entendimento.

Mas antes, quero dizer que nós temos a péssima mania de fazer movimentos que achamos que são certos ao abrir um negócio. Isso, entretanto, nos afasta de fazermos algo que nos deixe verdadeiramente realizadas. Sabe por quê? Com esses movimentos, replicamos negócios já prósperos, com resultados, criando na nossa mente uma ideia do que seria um negócio de sucesso.

Sabe qual é
o primeiro e mais
importante passo?
Definir o que você quer
mais que tudo.

— Camila Vidal

Você sabe o que quer?

Temos arquivos mentais que facilmente nos lembram uma empresa de sucesso, certo? Se eu perguntasse o que você vê quando imagina uma empresária à frente de uma multinacional, você certamente responderia algo como: uma mulher de salto alto, terno, unhas discretas, postura formal, roupas em tons neutros… Isso porque criamos imagens do como achamos que as coisas se parecem. E não é diferente quando imaginamos o caminho do sucesso para uma empresa.

Vale lembrar que a minha trajetória como empreendedora existe antes mesmo de o termo "empreender" cair na boca do povo e virar moda. Bom, pelo menos eu me achava muito *businesswoman* nessa época! Eu sempre quis ter meu próprio negócio, desejo que queimava em mim desde a minha adolescência, como vocês já sabem. E meus primeiros passos como uma mulher de negócios foram os cartões de aniversário que eu mesma fazia no computador para vender no recreio da escola.

Eu disse que era muito *businesswoman*, né?

Esse movimento era totalmente inconsciente, afinal, eu tinha 13 anos, porra! Conforme me aproximava dos 18 anos de idade, comecei a pensar que aquele hobby – de fazer artes – não iria me dar muito dinheiro e, por isso, eu deveria seguir o fluxo normal da vida: fazer uma faculdade e arrumar um emprego.

É uma narrativa semelhante à do livro *Pequeno Príncipe*, em que a criança desenhava cobras engolindo elefantes, mas, ao crescer, deixou a arte de lado para correr atrás de um trabalho, abandonando a criatividade. Esse é o caminho que, geralmente, nos dizem que temos que percorrer. Escola, faculdade, emprego que pague bem e, um dia, a aposentadoria.

Só que havia um problema: o fogo interno que eu sentia de criar algo meu não morria. Era como uma pequena chama que não se apagava por mais que eu jogasse água em cima. Na época, eu não conhecia essas palavras, mas hoje posso dizer: era *fogo no cu* de ser empreendedora. De ter a minha empresa. De ser dona do meu próprio negócio. Eu simplesmente sabia que queria ter algo próprio e que fosse incrível.

Nunca tive vontade de prestar concurso público, de trabalhar numa multinacional, de entrar para uma empresa de renome e fazer carreira lá dentro. Eu me sentia completamente incapaz de me dar bem em qualquer prova ou concurso e tinha zero vontade de crescer dentro de uma empresa. Você já se sentiu assim?

==Zero vontade de trabalhar no Google.==
==O que eu queria era criar o meu próprio Google!==

Eu repetia essa frase como um mantra, a fim de me convencer de que eu não precisava me esforçar para entrar em grandes empresas, pois eu construiria a minha. Acho importante ressaltar, no entanto, que eu sempre fui uma funcionária 100% comprometida com o meu trabalho em todas as empresas em que trabalhei. A má vontade de trabalhar para os outros existia, mas isso não me atrapalhava na minha dedicação àquilo que fazia, porque faz parte da minha natureza me entregar ao que faço.

Meus empregos antes da Moving

O meu primeiro emprego foi aos 18 anos, numa escola de cursos profissionalizantes, logo que percebi que teria que seguir o fluxo normal da vida. Busquei uma graduação que não fosse de cinco anos e que estivesse mais ou menos alinhada com o que eu gostava. Entrei no curso técnico de Recursos Humanos e logo arrumei um emprego para conseguir pagar a faculdade. Minha mãe (que na verdade é minha avó, mas eu sempre a chamei de mãe) ficou feliz por eu ter passado no curso, mas deixou claro que não tinha dinheiro para pagar.

Por capricho do destino, surgiu a oportunidade de eu ser instrutora de informática na cidade ao lado. Perfeito! O salário era de R$ 750,00, com carga horária de 44 horas semanais, vale-transporte e sem registro. Agarrei, claro! Em 2011, a Lei nº 12.382 definia que o salário-mínimo era de R$ 545,00; logo, ganhar mais de R$ 700,00 era uma bela oportunidade para uma pessoa com zero experiência no mercado de trabalho.

A prova para entrar nessa vaga era totalmente prática, e minhas habilidades como usuária nível pro de internet e informática fizeram com que eu me tornasse a candidata mais apta para o cargo. Trabalhei ali durante quase cinco anos. Como instrutora de informática, ensinava desde Windows, passando por HTML, pacote Office, até Photoshop... Cheguei até a dar aulas de administração!

Acordava todos os dias às seis horas da manhã, pegava o ônibus até a cidade ao lado, entrava às oito e trabalhava auxiliando os alunos nos cursos de informática. E, ainda que trabalhar para os outros não me agradasse, sentia que era importante ajudar outras pessoas a entender melhor sobre computadores. Afinal, eles foram e são um fator importante na minha vida.

Mas é uma loucura pensar nisso, certo? Há algum tempo, eu era a aluna de 11 anos fazendo um curso que mudaria totalmente a minha vida e me faria desenvolver a paixão por internet e tecnologia. De repente, eu era a professora que poderia modificar a vida de alguns alunos.

Também aproveitei para fazer todos os cursos que a escola disponibilizava, e foi nesse período que descobri o empreendedorismo de verdade. Eu estudava muito e fazia hora extra; sempre me comportei como uma verdadeira empreendedora dentro de todas as empresas em que trabalhei. Sempre tive muito interesse em aprender todos os processos, fazer todos os treinamentos oferecidos e aumentar meu repertório.

A primeira vez que monetizei um hobby

Durante esse primeiro trabalho, também comecei a fazer freelas de design. A ironia era que eu desenvolvia cartões de visita, o que me mostrou que, sim, o meu hobby da adolescência poderia ser monetizado de forma ainda mais intensa! Fui cada vez mais mergulhando nas possibilidades, estudando muito, colocando à prova todo o meu autodidatismo, criando e desenvolvendo essa vida empreendedora paralela ao meu trabalho em tempo integral.

Comprei meu primeiro notebook com meu próprio dinheiro!

Lembro até hoje. Comprei um notebook branco no Submarino por R$ 997,00 parcelados em 14x no meu próprio cartão de crédito! Gente, foi uma conquista do caralho! Durante os seis anos que se seguiram, ele foi a minha grande companhia de trabalho. Infelizmente, o coitado não aguentava muita coisa e passamos ótimos momentos de pânico enquanto ele desligava no meio de uma criação no Corel Draw.

Quanto mais eu mergulhava nas possibilidades que os freelas me traziam, mais eu pensava em como aquilo era uma possibilidade de sair do meu emprego e poder ser minha própria chefe. Entretanto, eu rapidamente percebi que, com a porra do cartão de crédito e um curso para pagar, precisaria de mais garantias do que um trabalho freelancer.

Foi nesse momento que descobri a profissão de social media. É claro que se fala muito a respeito dessa profissão nos dias de hoje, mas em 2013, quando não havia nem o nicho de criação de conteúdo para o Instagram, ser social media significava focar a produção de conteúdo no Facebook.

Consegui, assim, ter mais recorrência financeira, o que me permitiria sair do meu emprego. Comecei a atender clientes como social media nas horas vagas entre o trabalho e os estudos. É importante ressaltar que levei muitos "nãos" nesse momento. Alguns desses "nãos" posteriormente se tornaram "sims", e a minha rede de clientes foi aumentando. Percebi que seria melhor largar o curso de RH, o que fiz poucos meses antes de concluí-lo.

Os obstáculos em meu caminho

A decisão de interromper o meu curso não estava relacionada somente à minha carga de trabalho, mas com o fato de que eu não me via representada nas matérias que eu estudava. A minha vontade de empreender e todas as possibilidades como social media cresciam cada vez mais, e eu precisei priorizar aquilo que julguei mais importante naquele momento. Eu estudava muito, trabalhava na hora do almoço, corria às 17h45 para o ponto de ônibus, pegava o ônibus em pé, chegava em casa às 18h30, tomava banho e ia direto para o meu notebook para trabalhar mais.

Os obstáculos que dificultavam o meu trabalho eram inúmeros. Sentia-me cansada pelos trajetos no ônibus, pelo fato de chegar às sete da noite em casa, pela minha internet ser extremamente lenta e pelo meu notebook, que teimava em desligar cada vez que eu abria programas pesados. E isso sem negligenciar os cuidados comigo. Lavar os cabelos era um pesadelo. Lembro dos dias em que ficava sentada na frente do computador repetindo constantemente para mim mesma: "Isso é só uma fase!". E foi. Durante os seis anos em que eu trabalhei num emprego convencional e empreendi à noite, relembrar que havia um motivo para fazer aquilo me dava forças para continuar.

Eu estava conquistando alguns clientes de social media e, como trabalhei numa cidade pequena e de interior, Santa Isabel, rolavam muitas indicações, que são a melhor forma de atrair novos clientes.

> Decidido: agora eu sou uma empresa! Quer dizer, uma *eupresa.*

A empresa Camila Vidal

Meu primeiro passo nessa nova postura foi abrir um CNPJ. Que emocionante! Após muito tempo de pesquisa na internet, decidi abrir um MEI. Fiz todo o processo sozinha e, quando ele foi finalizado, recebi o número que indicava que, naquele momento, eu era também uma pessoa jurídica. Então vieram os próximos passos. Eu fiz um logo e criei um e-mail personalizado. Com isso, virei uma empresa e, ainda que fosse a única funcionária, me comportava como se fosse uma multinacional. Pensava em setores, processos, atendimento, posicionamento da minha marca e realmente acreditava que minha empresa era grandiosa.

Eu sempre fui adepta da Lei da Atração. Quando tinha 11 anos, li pela primeira vez o livro *O Segredo,* de Rhonda Byrne,[2] fascinada pela ideia do poder dos nossos pensamentos. De acordo com o livro, temos um poder oculto dentro de nós regido pela Lei da Atração. Atraímos aquilo que desejamos e pensamos. Esse conceito me cativou e atiçou a minha curiosidade. Li mais artigos e textos sobre o tema, na tentativa de me informar cada vez mais a respeito. Era como se aquilo confirmasse uma sensação interna de que o nosso comportamento reflete, sim, a realidade.

Para mim, isso significava que eu estava certa em ver a minha pequena empresa de uma pessoa só como uma multinacional. Se você agir como uma empresa pequena, assim será! Por isso, por mais que eu tivesse poucos conhecimentos, sempre deixei claro para todos os clientes e freelas que, sim, eu era uma *fucking* empresa gigante.

Tudo estava teoricamente indo bem. Eu tinha alguns clientes, continuava fazendo os freelas, comecei a estudar sobre criação de marcas, identidade visual e fui adicionando esse trabalho ao meu catálogo de serviços, até que... Comecei a perceber que minhas possibilidades de expansão tinham um limite e batiam no teto por depender exclusivamente de mim para tudo. Sabe aquela sensação de que em algum momento você não dará mais conta se as coisas continuarem iguais?

Se eu continuasse sendo uma empresa de uma pessoa só, jamais conseguiria sair do emprego fixo. Eu precisava de algo mais, precisava escalar, e, apesar de amar o que fazia como designer e social media, tudo dependia de mim, o que me levava a crer que, em algum momento, eu não daria mais conta e não conseguiria mais pegar clientes novos.

---

2 BYRNE, Rhonda. **O Segredo**. Rio de Janeiro: Sextante, 2015.

CAPÍTULO 2

NÃO SE ENGANE: EU ERREI PRA CARALHO

Você não pode
alcançar a coragem
sem encarar a
vulnerabilidade.
Aceite a dificuldade.

— Brené Brown

Analisando tudo o que passei, valido o termo cunhado por Simon Sinek: "mentalidade infinita". Segundo ele, o "líder com mentalidade infinita trabalha para garantir que seus funcionários, clientes e acionistas continuem inspirados a continuar contribuindo com seu esforço, suas carteiras e seus investimentos".[3]

Desde o início, a minha preocupação era ultrapassar limites, crescer de forma sadia e gratificante, como foi o crescimento da Moving Girls no Instagram: totalmente de forma orgânica, porque oferecemos conteúdos que ajudam as empreendedoras na prática, que realmente fazem a diferença e as mantêm inspiradas para ralar o cu na ostra.

E é a partir de agora que vamos embarcar na loucura do propósito!

Quando minha empresa começou a crescer, o Instagram já existia e eu já tinha consciência da palavra "empreendedorismo". O meu envolvimento com a criação de conteúdo já era muito maior, abrangendo vídeos, livros e outros conteúdos sobre negócios. Eu buscava soluções para poder empreender além do que já fazia, com o objetivo de sair do meu emprego fixo.

Aplicava em minha empresa tudo o que eu via dando certo para outras empresas.

E aprendi que você jamais vai encontrar propósito no propósito do outro!

Eu vendi semijoias, tênis, perfumes, camisetas e tudo o que eu me convencia de que seria uma grande aposta. Cada vez que via empreendedoras vendendo outros produtos e tendo resultados incríveis, achava que aquela seria a minha grande chance de crescer. Que erro, minhas amigas, que erro!

Lá fui eu com meu namorado na rua 25 de Março, em São Paulo, comprar bijuterias somente para todas oxidarem, aprendendo na

---

3 SINEK, Simon. **O jogo infinito**. Rio de Janeiro: Sextante, 2020.

prática que semijoias e bijuterias não são a mesma coisa. Como uma boa empreendedora, criei nome, logo, marca, tags, embalagem, conceito e etiquetas para minha loja de semijoias. Eu e meu namorado batíamos na casa dos parentes dele para vender e, com vergonha de oferecer, eu publicava meus produtos no Instagram. A minha empresa de semijoias durou longos seis meses.

Por fim, desanimei e pulei para outro negócio. E outro. Assim como a empresa de semijoias, tudo de novo que eu tentava era porque eu tinha visto alguém tendo sucesso naquilo. E você pode pensar, então, que aprendi a lição de que o que dá certo para uma pessoa não necessariamente dará certo para mim, não é mesmo?

Mas, infelizmente, eu precisei me foder um pouquinho mais para isso!

Eu continuava obcecada em analisar, admirar e querer fazer igual a empreendedoras que estavam criando algo incrível e ganhando dinheiro com aquilo. Eu realmente achava que estava dando certo, moldava com facilidade meus propósitos para trazer uma razão a mais para repetir a fórmula de sucesso de outras. Nessa época, eu acreditava que propósito era o grandioso e iluminado motivo pelo qual um negócio deveria ser guiado, e ninguém faria sucesso se não tivesse esse motivo maior. Então, eu queria trazer sentido para o que estava fazendo.

Foi uma época difícil, porque a cada vez que eu acordava e não sentia dentro do meu coração o grande motivo de fazer o que fazia, a síndrome do impostor me atacava com força. Eu me sentia uma farsa, sem rumo e sem futuro. Na minha cabeça, tudo precisava ter um propósito grandioso que justificaria meu tempo e energia. As coisas só fariam sentido se cada ação minha fosse guiada por esse propósito que, na verdade, não era meu.

O que eu tinha que entender era que eu precisava de objetivos que me mobilizassem e, estando em movimento, encontraria enfim o meu propósito. Ou os meus propósitos.

No final, eu só queria achar algo que fizesse meu coração (e meu bolso) bater mais forte. Eu era totalmente apaixonada por ver mulheres dominando o mundo, ganhando dinheiro, construindo a própria história, empreendendo e trabalhando com algo que era delas, com base nos valores e percepções delas! Mas eu não estava conseguindo chegar a esse nível de me apropriar de mim para criar algo. A única coisa que era 100% minha e que eu amava era a profissão que eu havia criado para mim como designer e social media. Entretanto, isso não me dava mais o mesmo tesão de antes, porque eu acreditava que jamais conseguiria sair do emprego fazendo somente esse tipo de trabalho. Eu claramente confundia os espaços do Círculo Dourado da minha trajetória empreendedora.

As realidades inventadas da empreendedora desiludida

A verdade é que, na trajetória de empreendedorismo, é muito fácil se identificar com a história e o caminho de outras pessoas a ponto de passar a acreditar que aquele é o único modo possível de conseguir realizar os seus sonhos. Nossa mente é uma coisa incrível, capaz de inventar os maiores cenários possíveis, distorcendo-os para caber na nossa realidade imaginada.

Com certeza você também cria verdades absolutas na sua cabeça e encontra uma facilidade enorme em se convencer delas, não é mesmo? Ainda que todas as evidências do que eu deveria fazer estivessem na minha própria jornada, eu me recusava a acreditar naquilo que via, como em um filme clichê de comédia romântica.

Na minha realidade inventada, que compartilhei com meu namorado, precisávamos, sim, vender produtos e ter uma loja! Acrescentemos aqui a noção que eu tinha de que os produtos virtuais que eu criava como designer e social media, ainda que tivessem grande palco, não eram tão valorizados. (Veja bem, não digo que não eram necessários, porque sempre foram. As mais diversas formas de mídia sempre compuseram as principais formas de expressão e comunicação. Mas, naquela época, o que eu fazia era visto como um meio, não um fim.)

Ainda que eu quisesse viver aquilo que eu via as outras meninas empreendedoras vivendo, trabalhando 100% no próprio negócio e sem precisar estar num emprego de que não gostava, eu relacionava o sucesso do empreendedorismo apenas com produtos físicos.

Um eterno equilíbrio de pratinhos

A jornada dupla que eu vivia naquele momento era muito louca. Em 2016, mudei de emprego, atuando ainda na escola informática, mas não mais como instrutora, mas como designer e social media. Eu já conhecia toda a dinâmica desse negócio e foi excelente adicionar essa experiência ao meu portfólio. Fiquei cerca de dois anos nesse emprego e aprendi muito, não somente sobre a minha área, mas também sobre o funcionamento de uma empresa.

Foi lá que ampliei meus conhecimentos sobre vendas, PNL e fiz todos os treinamentos possíveis que eram disponibilizados para os vendedores. Foi incrível, mas eu estava eternamente tentando equilibrar uma balança cujos pratos estavam repletos com as minhas possibilidades de carreira. De um lado, num emprego fixo, de segunda a sexta, pegando ônibus, batendo ponto, e do outro, sendo designer, social media e ainda investindo em vários tipos de negócios diferentes em busca do tal propósito e da grande ideia que me faria sair do meu emprego.

Eu estava em busca de algo que me trouxesse resultados e, ao mesmo tempo, que tivesse um significado especial para mim.

O que eu mais queria era encontrar o que me traria, em sua forma, o grande propósito da minha vida, aquele negócio com o qual eu poderia me comprometer 1000% e que seria o grande motivo da minha existência.

Você já se sentiu assim? Numa eterna busca por algo que te preenchesse como profissional, que te fizesse vibrar com significado e que trouxesse muito resultado financeiro a ponto de ser uma grande referência no mercado?

Geralmente, estamos sempre nos espelhando em quem já chegou lá, anulando nossa trajetória, nossas descobertas e experiências. Tudo para achar algo que nos preencha de uma forma completa.

Foi aí que eu aprendi minha primeira lição sobre propósito

Eu decidi abrir um e-commerce, novamente inspirada na história de outra empreendedora que eu vi, realizada ao fazer algo que a preenchia e ganhando dinheiro. Eu me comprometi a fazer disso o meu grande negócio, que me faria encontrar minha solução, me faria feliz, me traria dinheiro e, finalmente, despertaria o meu grande propósito!

A cada passo que dava, eu me animava mais para continuar aquilo que parecia ser meu sonho. Mais uma vez, desenvolvi cada arte da minha marca, além da identidade visual e do site. O meu lado designer estava completamente realizado. Eu ia nas mais diversas lojas de atacado em São Paulo para comprar roupas com o meu CNPJ, fazendo uma supercuradoria. Criei embalagens, tags e adesivos, comprei araras, tudo que eu podia com meus R$ 4 mil parcelados em todos os cartões de crédito. Convidei minhas amigas para fazer fotos das roupas, comprei tecidos para o fundo das fotos, pensei em todo o conceito do editorial e estava realmente confiante de que aquele seria o negócio da minha vida.

O meu propósito era ter a minha marca de roupas!

Essa loja inicialmente recebeu o nome de São Paulo Trendy e, depois, 9093 Clothing.

E, caso você tenha se esquecido, eu ainda estava trabalhando na escola de informática em horário comercial, o que significa que a marca que, teoricamente, seria o meu grande objetivo de vida, nasceu durante as noites em que eu me revezava entre a criação de meus produtos e os meus freelas como social media! Mas nós, empreendedoras, sempre arranjamos tempo para o fogo no c* que a gente mesma cria, né?

Eu tinha, na época, uma conta no Instagram que era usada somente para testes dos meus trabalhos de social media. Era um perfil que ficava totalmente vazio, com um nome de usuário qualquer. Nesse perfil eu testava a disponibilidade de nomes de usuários, via como ficariam os posts mosaicos que eu fazia no *feed* e testava novas funcionalidades.

Nós, empreendedoras, sempre arranjamos tempo para o fogo no c* que a gente mesma cria, né?

— CAMILA VIDAL

O primeiro lançamento

Em 2017, eu estava com alguns clientes de social media e aproveitava a hora do almoço para ir até as lojas deles tirar fotos dos produtos a fim de poder editar e postar. Era bem difícil depender de condução, de uma internet quase inexistente de tão lenta e não conseguir entregar mais do meu trabalho. Foi quando eu decidi morar na cidade em que trabalhava e onde estavam meus clientes e, por isso, fui atrás de um apartamento. Consegui encontrar um em que pagaria R$ 600,00 no aluguel e convidei meu namorado para morar comigo. Realizamos o sonho da internet de fibra. Gente, internet de fibra?! Tudo na vida de uma mulher empreendedora!

Eu ganhava R$ 1500,00 do meu emprego e uns R$ 1800,00 somados dos meus freelas da época. Meu namorado também ganhava R$ 1500,00 e tínhamos as contas de cartão de crédito, o que nos permitiu comprar os móveis parcelados em 24x nas Lojas Cem!

A minha vida mudou completamente, pois em dez minutos eu conseguia ir até os meus clientes após finalizar o meu expediente e, ao chegar em casa, tinha uma internet rápida e uma mesa para poder trabalhar o quanto precisasse. Levei comigo, para o novo apartamento, toda a estrutura e mercadoria da minha loja on-line. Fiz o lançamento na internet, alimentei o Instagram com conteúdos excelentes e *tcharam*...

Fiz três vendas!

E sabe o que aconteceu?

Eu descobri que odiava dobrar roupas, detestava o processo de fazer as caixas e me irritava ainda mais por ter que ir ao correio enviar os produtos. Definitivamente, os trabalhos manuais não me agradavam nem um pouco.

Foi dessa forma dolorida que surgiu a minha primeira lição sobre propósito: você nunca será feliz tentando fazer o que dá certo para os outros, porque aquilo é o propósito do outro, não o seu.

Você jamais entenderá as motivações por trás do negócio de alguém, jamais entenderá por que uma pessoa ama tanto trabalhar com determinada coisa. Você nunca será feliz tentando encaixar o propósi-

Você nunca será feliz
tentando fazer o que
dá certo para os outros,
porque aquilo é o
propósito do outro,
não o seu.

— CAMILA VIDAL

to do outro na sua vida e tentando fazer com que isso também tenha significado para você.

Eu me senti um lixo!

E lá estava eu, com 24 anos, várias tentativas de negócios frustradas nas costas, sem perspectiva alguma de sair do emprego e, agora, com um aluguel e móveis parcelados no cartão de crédito. A única coisa que me fazia feliz era atender meus clientes de social media e design, ainda que aquele não parecesse ser o meu propósito.

Desilusão talvez seja a palavra mais adequada para definir o meu estado de espírito naquele momento. De acordo com a sociedade em que vivemos, aos 24 anos eu já deveria ter terminado uma faculdade e estar com uma grande possibilidade de ascensão na carreira.

Quando penso nisso, parece até engraçado! Hoje, eu vejo que, aos 24 anos, aquele era só o começo de tudo. Ainda havia um grande caminho para percorrer. E, principalmente, que não existe uma idade certa para começar.

> **Independentemente de quantos anos você tem, nunca é tarde para dar o pontapé inicial do empreendedorismo e colocar seus projetos em prática.**

Passei semanas pensando quanto tempo eu havia perdido percorrendo sonhos que não eram meus. Acreditava que jamais encontraria algo que me fizesse feliz, realizada e rica o suficiente para largar o emprego. Mas, ao mesmo tempo, sentia que precisava continuar tentando. Sabia que não era na CLT que eu me encontraria.

Se puder tecer uma comparação, hoje percebo a semelhança entre esse momento da minha vida e a história do rato mais famoso do mundo, o Mickey Mouse. Segundo um relato de Linda Rottenberg em seu livro,[4] Walt Disney tinha acabado de descobrir que Charles Mintz roubara a sua equipe de animadores. Walt renunciou aos direitos au-

---

4   ROTTENBERG, Linda. **De empreendedor e louco todo mundo tem um pouco.** São Paulo: Editora HSM, 2014.

Para alguém que
sente o empreendedorismo
queimar dentro do coração,
qualquer minuto perdido
se transforma em horas.
A gente sempre quer viver
intensamente de acordo
com aquilo que faz o nosso
coração bater mais forte.

— Camila Vidal

torais de suas criações e, assim, todos os bichos que ele havia dedicado tanto tempo criando e animando estavam sob o controle de Mintz: gatos, cães, coelhos e todos os outros animais simpáticos já tinham sido transformados em personagens e não restava mais nenhum, exceto o rato.

No caminho para casa, enfurecido com a situação, ele começou a desenhar em um papel fornecido no trem. Ao chegar no Kansas, ele já tinha criado um camundongo vestido com calças, e assim nascia o Mickey Mouse.

Para alguém que sente o empreendedorismo queimar dentro do coração, qualquer minuto perdido se transforma em horas. A gente sempre quer viver intensamente de acordo com aquilo que faz o nosso coração bater mais forte.

No segundo semestre de 2017, uma nova bomba veio se colocar no meu caminho: meu chefe decidiu que já não precisava de uma designer, então, me deu a opção de me tornar recepcionista da escola de informática das três da tarde às nove da noite. A outra opção seria a demissão.

Essa situação só me fez perceber, com uma intensidade maior, o quanto ser registrada e ter carteira assinada não é garantia de direito algum. Você vai preferir perder seu emprego, processar seu chefe e ficar queimada no mercado, ou aceitar as condições para continuar empregada?

Claro que a gente sempre escolhe manter o emprego. Eu não queria perder tempo atrás de direitos que demorariam anos para serem pagos; eu só queria trabalhar para bancar meu negócio e empreender! Até porque eu tinha um aluguel para pagar, móveis parcelados e cartões de crédito.

E aí eu aprendi a segunda lição mais importante sobre propósito

No início de janeiro de 2018, após dois anos sem férias, já que vendi uma delas para ter mais dinheiro para investir no meu negócio, eu senti que estava na hora. Sairia de férias por dois meses. Ainda que estivesse com a intenção de vendê-las, dessa vez não teria como, uma vez que a escola onde eu trabalhava já não ia bem.

Eu já havia decidido que a minha maior prioridade seria o meu negócio. Pela primeira vez, eu ficaria o dia inteiro em casa e teria uma experiência como empreendedora em tempo integral. O meu tempo seria todo dedicado à minha agência.

Acordava cedo e trabalhava o dia inteiro para os meus clientes de social media, que triplicaram em número nesse período. Estava produzindo muito mais, com muito mais qualidade de vida e muito feliz!

Como eu não havia percebido antes que o meu grande negócio, que me preenchia e me fazia feliz, já estava bem debaixo dos meus olhos? Eu amava trabalhar com internet, criar artes, administrar redes sociais, tirar fotos e criar a comunicação e o posicionamento digital dos clientes. Ainda assim, o medo de largar o meu emprego era grande, pois ainda que, juntos, meus clientes pagassem mais do que eu ganhava no meu emprego fixo, eu tinha a falsa sensação de estabilidade e segurança que um trabalho em tempo integral oferece. Levei algum tempo para perceber que não havia segurança maior do que depender de mim mesma.

Em março de 2018, voltei para meu antigo emprego com mais clientes na minha empresa, a segurança de que poderia dominar o mundo e uma carta de demissão em minhas mãos. Pesou na decisão o fato de saber que a escola já não estava tão bem. Recebíamos nosso salário atrasado e eu já havia sido colocada numa função diferente da qual havia sido contratada e que em nada me agradava.

Parecia até injusto com a minha jornada que eu tivesse uma ligação tão grande com a área de designer somente para terminar como a recepcionista forçada da escola. Naquele dia, me lembrei da Camila de 11 anos indo para as aulas de informática, da Camila que comprou o primeiro notebook e se deslumbrou com o mundo de possibilidades que se abriam, da Camila que teve tantas tentativas falhas de negócios.

Olhei para a Camila daquele momento, que recebia R$ 1600,00 por mês para ficar na recepção da escola resolvendo os problemas dos alunos. Que teve a produtividade minada pela mudança brusca de horários e pela decepção de sentir todo o seu potencial sendo desperdiçado em um emprego que há muito já não a fazia feliz. Que finalmente havia percebido que suas contas estavam sendo pagas não pela segurança do emprego, mas pelo valor que recebia de seus clientes.

Quando chega o momento de se jogar

E foi então que percebi que eu poderia, sim, viver do meu próprio negócio. Não tenho uma história comovente de como pedi a minha demissão. A realidade é muito diferente dos filmes, em que a protagonista bem-vestida e um pouco ingênua repentinamente faz um discurso digno de premiações e vai atrás do seu sonho. Talvez a única semelhança com a realidade fosse que a resposta estava o tempo todo bem debaixo do meu nariz, mas eu demorei para percebê-la.

Não fiz grandes planos. Simplesmente me joguei como achei que seria necessário naquele momento. Parece até loucura e um pouco irresponsável, mas quando voltei das férias, eu só conseguia pensar nos meus clientes e na vida incrível que eu estava construindo naqueles dias em casa. Senti uma angústia enorme ao pensar que não honraria mais meu trabalho com os clientes que confiaram em mim. Zero reserva de emergência, zero planejamento. Se você entrar agora no Instagram, provavelmente verá uma série de posts sobre como esse é o movimento mais errado a ser feito. E posso dizer que, sim, de fato, não é a coisa mais segura a se fazer. Mas foi o que fiz. A única certeza que eu tinha era que os clientes que tinham fechado comigo iriam me pagar.

E para deixar tudo ainda mais maluco, renunciei a todos os meus direitos e não quis cumprir o aviso prévio. A única coisa que eu desejava era estar em casa atendendo os meus clientes, realizando meu maior sonho, que era trabalhar 100% para mim e correndo atrás da tão sonhada renda de R$ 5 mil por mês!

Sair do meu emprego me deu a clareza para compreender que eu não poderia mais deixar aquela energia empreendedora me dominar a ponto de investir em todas as ideias que eu via pela frente. Agora eu só tinha meus clientes e precisava me dedicar totalmente ao meu trabalho. O sucesso ou fracasso da minha empresa: tudo dependia de mim. Era uma conta muito simples: o meu salário e a possibilidade de pagar minhas contas e investir na minha empresa dependeriam dos movimentos que eu fizesse a partir daquele momento.

Agora a porra ficou séria

Eu não poderia mais ficar experimentando, abrindo e fechando lojas, apostando em propósitos de outras pessoas e investindo em coisas que eu não sabia se dariam certo. Mas, ao mesmo tempo, eu sabia que era por meio da tentativa que eu poderia entender qual seria o investimento que mereceria minha atenção. Como resolver esse dilema e apagar o fogo no cu de fazer tudo o que eu via pela frente?

Pode ser que você esteja gritando com as páginas deste livro agora, indignada pelo fato de eu ignorar a resposta mais óbvia que me foi apresentada. Essa angústia que estou causando em você é proposital. Seria muito fácil chegar aqui e apresentar uma versão resumida da minha história, em que eu sempre soube do meu propósito, nunca cometi nenhum tipo de erro e me tornei a empreendedora foda que sou do dia para a noite.

Não só seria mais fácil como seria muito mais rentável. Ninguém quer ouvir histórias sobre tentativa e erro: as pessoas gostam de histórias inspiradoras e lineares sobre a caminhada para o sucesso. O meu caminho, no entanto, teve mais voltas que uma corrida de Fórmula 1. E se você conhece a Moving, sabe que mostrar a realidade faz parte do que somos. E para mostrar essa realidade, preciso contar esses detalhes.

Foi quando saí do conforto do meu trabalho que entendi o que me move até hoje: a busca pelo crescimento, pela autonomia, por traçar meu caminho e construir minha própria história empreendendo. Foi colocando a mão na massa que descobri, durante essa jornada, tudo que eu poderia conquistar. E só então o meu propósito começou a se configurar. Ele veio depois.

Os objetivos antecedem o propósito

Por fim, aprendi que os propósitos são ciclos que mudam conforme a sua fase, conforme o seu objetivo. Você não precisa ter um único propósito a vida inteira, aquele que vai ser o grande propósito para sempre. O que você precisa é se mover em direção à sua independência, aos seus desejos, e colocar em prática planos que te levem a realizar seus sonhos. Desenhar cada parte do caminho a percorrer. Antes de pensar em propósito, é preciso pensar nos seus objetivos e nos movimentos necessários para alcançá-los.

Sair do meu emprego e me sustentar com meu negócio eram meus objetivos. Foi através deles que fui me aproximando cada vez mais do que em breve eu chamaria de propósito – que, finalmente, faria sentido, já que seria consolidado por toda a trajetória que eu já tinha construído e que continuo formatando continuamente até hoje com a Moving.

Com o tempo, fica claro que o processo é, de fato, algo construído diariamente, e que cada pessoa tem suas particularidades, seus perrengues, seus períodos de insatisfação e de procura de solução para se reinventar, sem perder de vista o objetivo e mantendo a mesma conduta no que se refere aos princípios aplicados enquanto empreendemos.

Percebi na pele que achar o propósito da sua marca é um processo muito pessoal, pois tem relação total com a sua visão de mundo! Foi aqui que o Círculo Dourado passou a fazer total sentido para mim. Foi então que percebi o quê, como e por quê eu queria empreender.

Para que você se sinta mais tranquila e não ache que sua empresa existe sem motivo, pense que, além das definições de por quê, o quê e como, você também está cumprindo objetivos particulares para mudar sua própria vida.

E você só transforma pessoas quando transforma sua vida primeiro.

Por isso, não tenha medo de começar um negócio para transformar sua própria vida primeiro.

Os propósitos são
ciclos que mudam
conforme a sua fase,
conforme o seu objetivo
O que você precisa é
se mover em direção à
sua independência, aos
seus desejos, e colocar
em prática planos que
te levem a realizar
seus sonhos

— **Camila Vidal**

Simon Sinek uma vez disse: "As pessoas não compram *o que* você faz. Elas compram *o porquê* você faz isso". As definições básicas são importantes, mas não deixe que a cobrança por um grande propósito te paralise e te impeça de seguir em frente.

Talvez a mensagem mais importante que eu aprendi nesses anos todos, e que quero passar aqui, é que cada trajetória é única. Algumas pessoas sabem desde cedo qual é o grande propósito delas. Outras precisam começar o processo do zero para descobrir.

Há quem ame vender produtos físicos e se dedique de corpo e alma a criar as embalagens, enviar os produtos e garantir a satisfação dos clientes. Mas eu odiei cada segundo do trajeto da minha casa até o correio para enviar os únicos três produtos físicos que vendi em minha loja.

O meu caminho não foi igual ao daquelas empreendedoras que eu via on-line, e talvez o seu também não seja. Se você está do mesmo lado que eu e sente que seu propósito ainda não se apresentou, fique tranquila.

Tenha seus objetivos claros que seu propósito se apresentará na caminhada.

O que eu fiz para apagar o fogo de querer empreender em tudo?

Março de 2018 foi a minha primeira semana dependendo apenas do meu próprio trabalho para viver. Home office, empreendedora, dona de mim mesma. A felicidade se misturava com a pressão de saber que eu não poderia mais ficar investindo tempo nem dinheiro em todas as ideias do mundo. Percebi que o que me enchia os olhos não eram exatamente os produtos dessas mulheres que eu via dando certo, era a possibilidade que elas tinham de empreender.

Histórias de mulheres poderosas me atraíam e, naquele momento, eu tinha a possibilidade de ser uma delas. Resolvi fazer algo que, despretensiosamente, canalizasse toda aquela energia, possibilitasse me apropriar das minhas referências e fosse um local em que eu pudesse depositar minhas ideias, percepções e experiências como empreendedora.

Pela primeira vez, resolvi fazer algo que me permitisse ser eu mesma, tendo apenas a mim como fonte de inspiração, sem copiar ninguém, sem esperar que isso fosse um grande propósito, sem desejar que esse fosse meu grande negócio.

Tenho como convicção que é preciso repassar nossas experiências como forma de contribuir para o desenvolvimento do empreendedorismo saudável. Temos que diminuir a distância entre o discurso e a prática. Concordo plenamente com Mario Sergio Cortella e Eugenio Mussak: "Na liderança, a comunicação é uma qualidade importante, mas não a principal. A principal qualidade é a legitimidade, credibilidade, sinceridade, ou seja, a ausência de distância entre o discurso e a prática".[5]

O que eu quero dizer é que tudo bem se o seu primeiro negócio não for o único da sua vida, e que você tenha que testar muitas coisas até que sinta seu coração vibrar de verdade. Eu não me permiti explorar as coisas sem cobrança, e isso me trouxe a frustração de fazer do propósito um grande vilão no meu negócio, uma etapa paralisante que poderia ter feito com que eu não testasse mais nada, esperando magicamente encontrar o grande significado da vida da minha empresa.

Curiosamente, uma das palestras que fiz no início da Moving foi sobre propósito. Quando finalizei a apresentação, uma mulher que estava na plateia veio falar comigo e, em lágrimas, relatou o quanto ouvir aquilo foi libertador. Ela me confidenciou que estava paralisada havia anos, sem criar nada, por conta da cobrança de ter um propósito. E eu não quero que você se sinta assim.

> O seu negócio é **seu** e as regras de funcionamento são **suas**.

Entenda que em algum momento você se encontrará e seu propósito ficará claro, fazendo com que tudo tenha mais sentido. Você

---

5 CORTELLA, Mario Sergio; MUSSAK, Eugênio. **Liderança em foco.** Campinas: Papirus 7 Mares, 2009.

perceberá, na prática, o que faz seu coração acelerar. Mas, até lá, coloque-se em movimento constante.

Um projeto paralelo chamado *Moving Girls*

Como projeto paralelo, resolvi canalizar a minha energia em um perfil no Instagram que criei. Em um momento em que a rede era inundada por selfies, fotos de cachorros, de pratos de comida e de paisagens, e as legendas eram curtas e vazias de significado, percebi que, enquanto atendia mais clientes de social media e design, poderia usar aquela plataforma para escrever sobre empreender.

As ferramentas sempre estiveram ali. Ainda que, essencialmente, aquela fosse uma rede social de fotos, foda-se, eu queria escrever, queria ter um espaço para expor minhas ideias. Não esperava nada em troca, apenas me expressar. Foi quando criei o meu primeiro post: "100% home office, e agora?".

A Moving nasceu como minha válvula de escape, um local para compartilhar minha rotina e canalizar minha energia criativa e empreendedora. Confesso que, durante um tempo, desencanei de achar um propósito e me limitei a simplesmente trabalhar com a minha agência, que eu adorava, e postar uns desabafos, quando necessário, lá no perfil criado para esse fim.

Com frequência, confundimos propósito, objetivos, metas e o que tem que ser feito para dar certo. Hoje consigo perceber que eu fazia tal confusão e, por isso, quero compartilhar com você tudo o que aprendi. Eu achava que ter um propósito era sentir que tinha um chamado, uma ideia única e espetacular que me guiaria pelo o resto da vida. Pensava que, ao encontrar o meu propósito, seria feliz, rica, realizada e bem-sucedida, porque, afinal, estaria fazendo algo que eu amava, que me dava prazer e que me fazia ousar com mais certeza.

Do latim *propositum*, o propósito é a intenção (ou o intento) de fazer ou deixar de fazer algo.

Percebi, ao longo dessas experiências, que propósito é a forma como você escolhe percorrer os seus caminhos, o modo como você os atravessa e o que deseja encontrar e fazer durante essa trajetória. E, sim, quando nos conectamos verdadeiramente com algo, sentimos o nosso coração bater loucamente e, por mais que existam obstáculos, sabemos que tudo faz parte da construção dessa jornada.

Ao me expor à ação, o meu propósito se apresentou, fazendo com que cada célula do meu corpo vibrasse, libertando o que sempre esteve dentro de mim, mas não havia sido despertado ainda.

Sempre tive uma tendência única para o empreendedorismo. Ele sempre chamou a minha atenção, alimentando o fogo de querer ter minha própria empresa. Mas eu também tinha meus objetivos a curto, médio e longo prazos.

Esses objetivos me colocavam em AÇÃO, quer dizer, me traziam para o campo de execução e exposição, para que eu pudesse me movimentar e alcançar aquilo que eu queria, possibilitando que eu mudasse de vida, fosse rica, saísse do emprego e tivesse um celular novo. E, claro, existiam as coisas que eu tinha interesse em fazer, por exemplo, em design, criatividade etc.

O seu interesse por determinado assunto leva você a se movimentar, sendo a força motriz para que você possa cumprir seus objetivos. Não necessariamente, entretanto, será esse o grande propósito da sua vida.

A minha empresa, a Moving, começou sem grandes planos de se tornar algo mais do que meu diário digital de desabafos empreendedores. E, apesar de eu ser apaixonada por design, a ideia de ser freela para sempre não fazia meu coração vibrar loucamente. Aquela foi a forma que encontrei de não depender mais de um trabalho com carteira assinada e se tornour o meu ganha-pão, mas eu não tinha a intenção de trabalhar para sempre com aquilo.

Conforme os meses se passavam, eu percebia que cada vez mais eu me sentia tentada a passar todo o meu tempo criando conteúdos para a Moving. A minha expectativa monetária, no entanto, era zero, porque mesmo que, naquela época, a profissão YouTuber já fosse um pouco mais conhecida, eu não sabia como transformar um perfil do Instagram em dinheiro.

A cada vez que alguma seguidora falava comigo e me dizia que não tinha desistido de empreender por conta de algo que postei ou falei, meu coração se enchia de paz, felicidade e muito tesão pela vida de uma mulher que estava finalmente se libertando através do empreendedorismo.

Sim, se libertando, porque o empreendedorismo é libertador. Segundo pesquisas realizadas em 2015 pela empresa de consultoria McKinsey, estima-se que o avanço das mulheres no mundo do trabalho propiciará um crescimento de 12 trilhões de dólares no PIB da Terra até 2025.[6]

É isso mesmo que você leu: 12 TRILHÕES DE DÓLARES! Não restam dúvidas de que é possível ganhar dinheiro sendo empreendedora, não é mesmo? Será que agora você ficou ainda mais instigada a conquistar a sua liberdade?

> O empreendedorismo sempre foi, para mim, um movimento de libertação para a mulher.

Saber que, diariamente, eu impactava mulheres e as ajudava a continuar nessa jornada foi uma realização jamais experimentada antes. Então, comecei a colocar minha cabeça para funcionar a fim de descobrir formas de monetizar meu projeto chamado Moving Girls. Novamente, a angústia de não me dedicar de forma integral àquilo que eu queria me dominava. E, pela primeira vez, o projeto que eu tinha em mãos me fazia vibrar de forma quase que indescritível.

E veja que interessante: hoje, a Moving se transformou em algo que, diariamente, me inspira, me motiva, me transforma e me faz não querer desistir, porque é por meio dela que outras milhares de mulheres se sentem confiantes em construir as próprias histórias também.

Não se apresse. Só entre em campo para fazer o que a sua intuição indicar.

---

6 RAMAL, Silvina Ana. **Mulheres líderes e empreendedoras: os compromissos que fazem a diferença na carreira de uma executiva.** Rio de Janeiro: Alta Books, 2019.

O seu propósito se apresentará no meio do caminho, mas você precisa estar caminhando.

Paralelo a ele, você terá objetivos que acenderão faíscas no seu coração! Não precisamos apenas de um grande propósito, precisamos estar empolgadas com cada fase e entender que, conforme mudamos, nossos propósitos também mudam. Você vai se interessar por coisas no caminho, vai ser feliz durante o processo e vai ser levada para um novo degrau.

E aí fica a pergunta que mais nos atormenta: quando vou saber que esse é meu propósito?

Como mencionei, a Moving nasceu sem propósito algum e demorou dois anos para eu enxergar, de fato, que existia algo nela que me acendia um fogo diferente. A primeira revelação aconteceu quando eu percebi que estava construindo uma comunidade, que aquilo estava se transformando em um movimento que já não se resumia somente a mim. Eram muitas mulheres, muitos sonhos, muitas vidas.

Perceber que eu estava construindo uma comunidade foi o primeiro passo para ter contato com um propósito maior, com uma motivação diferente que eu nunca tinha experimentado! Construir uma comunidade mudou meu jogo como empreendedora e pessoa!

Nessa construção, foi incrível o aprendizado e todas as descobertas surpreendentes que uma comunidade traz e seu poder de transformação em cada uma das mulheres que fazem parte desse movimento empreendedor!

CAPÍTULO 3

> # SEU NEGÓCIO, SUA COMUNIDADE

Tudo tem que começar
pela mentalidade!

— *Camila Vidal*

A construção de uma comunidade fez o meu jogo mudar completamente, tanto como empresa quanto como pessoa. Demorei para perceber que, de fato, havia construído uma comunidade, mas quando reconheci, mergulhei completamente nesse universo.

Lembre-se de que, naquela época, era incomum ver perfis do Instagram que fugissem do lugar-comum das fotos de pets-comida-paisagem-selfies. Ver que havia uma comunidade de empreendedoras se apoiando e compartilhando experiências era animador.

Comunidades são essenciais

Sabemos o quanto é importante ter e participar de uma comunidade de pessoas que pensam como nós ou que trabalham com coisas semelhantes. É nela que podemos compartilhar nossas dúvidas, ler relatos de outras pessoas e ter a percepção de que não estamos sozinhas em nossa empreitada.

É comum do ser humano viver em comunidades, desde o início dos tempos. Não vou trazer exemplos pré-históricos; basta pensar em uma escola do Ensino Fundamental para perceber que os diferentes alunos se agrupam de acordo com as suas semelhanças. É o mesmo na construção das comunidades digitais. E essa se tornou a base mais sólida da minha empresa.

E quando digo "sólida", quero dizer que concordo plenamente com a citação no livro *Community Hacking*, de Luciano Kalil e Marilvia de Oliveira, que diz: "A empresa, ou o grupo de pessoas, que buscar um diálogo real com seu público, tem na comunidade web um dos mais modernos caminhos que poderia utilizar".[7]

Os autores do livro comprovaram na prática cada uma de suas afirmações enquanto escreviam o livro. Eu fiz o mesmo, con-

---

[7] KALIL, Luciano; OLIVEIRA, Marilvia de. **Community Hacking: crie uma comunidade web e use o marketing de engajamento para exponenciar seus resultados**. Curitiba: Editora Brazil Publishing, 2019.

solidando o vínculo com as mulheres empreendedoras que se identificavam com o conteúdo e com a maneira como a Moving se comunicava.

O diálogo real que eu trazia por meio do perfil assumia a forma de memes, vídeos, fotos e textos com uma linguagem e imagens estratégicas. Assim, comecei a alinhar as expectativas e, principalmente, as conversas com as empreendedoras. Fazia as publicações com as quais elas se identificariam, respondia às mensagens que elas me enviavam e criava vínculos baseados nas dores e nos sonhos de cada uma delas.

E que ferramenta poderosa para isso é o Instagram! Seja por meio dos comentários ou das mensagens diretas, ele permite uma ligação direta entre quem cria e quem consome o conteúdo. De forma geral, as redes sociais trouxeram uma nova maneira de se comunicar, e saber aproveitar essas oportunidades foi a chave para que a minha empresa pudesse crescer.

Traçar um caminho para que as mulheres se identificassem e se sentissem pertencentes a uma comunidade em que pudessem ficar à vontade para falar dos perrengues de sua jornada foi fundamental. Não é só sobre falar de assuntos em comum. É sobre entender o comportamento das pessoas para adiantar suas necessidades.

Aprendendo sobre comunidades

Procurando entender mais sobre as comunidades que eu via crescendo a cada dia, eu consumia livros, vídeos, cursos e palestras do TED. Uma de minhas preocupações era manter a identidade e a linguagem de modo que eu continuasse sendo eu mesma, transmitindo a mensagem de que a Moving entende e compartilha todos os momentos da "vida real" de uma empreendedora.

Foram muitas referências que me inspiraram e que contribuíram para o crescimento da Moving, mas com certeza, uma das que mais me marcaram foi Brené Brown. Ela desenvolveu uma pesquisa que explica a anatomia do vínculo humano, explorando as relações e as conexões entre as pessoas. Logo na introdução do livro *Coragem para ser imperfeito*,[8] pude perceber a grande quantidade de *insights* que me ajudariam a entender o que há na "alma do negócio" de uma construção de comunidade. Ela fala que a maior certeza que traz da sua formação em serviço social é que "estamos aqui para criar vínculos com as pessoas. Fomos concebidos para nos conectar uns com os outros. Esse contato é o que dá propósito e sentido à nossa vida, e, sem ele, sofremos".[9]

A identificação no amor e na dor foi a chave para que eu pudesse compreender a importância da minha comunidade. E essa é uma das coisas mais importantes que você precisa saber sobre o comportamento humano na internet: as pessoas querem pertencer, querem se sentir parte de algo e estar entre pessoas que querem as mesmas coisas que elas. Por um momento, há alguns anos, reproduzimos o discurso de que a internet distanciava as pessoas, criando cada vez mais espaço entre os relacionamentos, pois as pessoas só queriam estar conectadas, mas não necessariamente juntas.

Walt Disney chamava seus colaboradores de "membros do elenco",[10] alimentando um senso de pertencimento e orgulho que consequentemente gerava o engajamento de todo o time. Essa era a minha intenção na construção da comunidade: ter as "migas" engajadas para a construção de suas histórias.

Seria muito fácil criar um perfil com dicas para quem quer ser empreendedora e manter uma postura distante, nos moldes de fãs-celebridade. As informações continuariam ali, relevantes, mas o senso de comunidade não existiria. A minha vontade era que cada uma das mulheres que seguissem o perfil se sentisse como uma Moving Girl, se visse como representante daquele grupo e vestisse a camisa de um movimento de mulheres que se apoiam e se empoderam.

---

8 BROWN, Brené. **A coragem de ser imperfeito: como aceitar a própria vulnerabilidade, vencer a vergonha e ousar ser quem você é**. Rio de Janeiro: Sextante, 2016.
9 Idem.
10 CAPODAGLI, Bill; JACKSON, Lynn. **O estilo Disney: como aplicar os segredos gerenciais da Disney à sua empresa**. São Paulo: Benvirá, 2017.

> A minha vontade era que cada uma das mulheres que seguissem o perfil se sentisse como uma Moving Girl, se visse como representante daquele grupo e vestisse a camisa de um movimento de mulheres que se apoiam e se empoderam.
>
> — Camila Vidal

Mais do que nunca, a internet é, hoje, um agente transformador nos relacionamentos. As pessoas querem pertencer ao mundo digital e estão em busca de seu grupo, seu local de pertencimento, um espaço seguro do qual aqueles ao redor se sintam parte. E isso nada mais é do que uma comunidade.

Não abra mão de ser você

Ao expor suas ideias, seus medos e seus anseios na comunidade, cria-se uma sensação de acolhimento que deixa os participantes à vontade para serem naturais. A afinidade de pensamentos, situações e até de comunicação tornam-se parte de seu dia a dia, gerando a percepção de compreensão e de aceitação.

Sabe aquele sentimento de "finalmente alguém me entende"? É disso que estamos falando.

Isso não significa, no entanto, que você tenha que moldar o seu jeito de falar. Como exemplo, posso citar a forma como eu falo na Moving. Já recebi incontáveis mensagens de pessoas reclamando porque digo palavrões e gírias. Eu teria a opção de adaptar o meu vocabulário, mas isso seria suprimir o meu jeito, retirar da minha empresa quem sou. E não era isso que eu queria.

Eu nunca abri mão de ser quem sou, nunca ignorei meu jeito de ser e de falar. Eles estão impressos em cada palavra, cada arte, cada conteúdo criado na Moving Girls, que é um perfil para empreendedoras da vida real. Ali estão representadas as situações que mulheres reais passam e as formas de lidar com elas. Eu não sou o tipo de pessoa que bate o dedinho do pé e fala "ai, que dor". Vou soltar um "ai, caralho!". Isso faz parte da minha identidade e é representado na Moving.

Então, quando eu digo que vou ralar o cu na ostra porque quero encher o rabo de dinheiro, estou filtrando minha comunidade e atraindo pessoas que se identificam com o meu vocabulário, com a intenção da frase e com os meus objetivos de vida.

Eu já sabia de tudo isso na prática e fiquei feliz de ver todas essas ideias serem reforçadas por Brittany Hennessy em seu livro *Influencer*.[11] Ao descrever seu sucesso e sua percepção, ela dá muita importância à autenticidade.

Dos muitos insights que a autora traz em seu livro, gostaria de destacar um trecho que se aplica perfeitamente ao que foi dito até agora:

> A autenticidade é a sua única munição. Sem ela, é melhor jogar a toalha desde já. As pessoas sentem o cheiro de mentira de longe, e nem uma montanha de dinheiro de um cliente será capaz de disfarçar o fingimento. Todo conteúdo deve ser sincero e verdadeiro. Se quiser que seus seguidores adorem o conteúdo, você também deve adorá-lo.[12]

A importância da autenticidade é mencionada ao longo do livro em muitas citações de mulheres de sucesso. Parece óbvio dizer "seja você mesma", mas assim que você começa a adentrar esse meio, é perceptível o quanto as pessoas erram montando "personagens" de si mesmas para se estabelecer no mundo digital. Já adianto que isso não funciona!

A comunidade é um laço muito maior e que vai muito além da aparência. Não tem como fingir se a intenção é construir uma comunidade sólida e fiel. Minha história com a criação de comunidades se iniciou em maio de 2019, quando comecei a trabalhar mais intensamente no conteúdo da Moving. Em poucos meses criando conteúdos que geravam a sensação de pertencimento e identificação, vi minha comunidade crescer, tornando-se repleta de pessoas com o desejo de compartilhar suas histórias. E foi nesse momento que realmente percebi que estava construindo uma comunidade! Justamente porque eu tinha feito tudo errado!

---

11 HENNESSY, Brittany. **Influencer: construindo sua marca pessoal na era das mídias**. Cascavel: AlfaCon, 2019.
12 Idem.

Então, tive a minha primeira experiência com a monetização do perfil: resolvi lançar um e-book para contar as estratégias que havia usado para crescer rapidamente a minha audiência.

O meu erro me ensinou sobre minha comunidade

Quando eu lancei meu primeiro e-book, tinha zero experiência no nicho de vendas de infoprodutos. Então, obviamente, fiz tudo errado. Lembro que cadastrei o e-book num site em que as formas de pagamento cobriam apenas produtos físicos. O envio do meu produto digital não foi identificado e, assim, a plataforma acabou devolvendo o dinheiro para cem pessoas que já tinham baixado o arquivo!

Eu fiquei totalmente desolada e desesperada, nunca achei que teria aquele dinheiro de volta. Qual era a possibilidade de cem pessoas refazerem suas compras que haviam sido reembolsadas sendo que já estavam com o e-book?

Mesmo assim, postei vários stories no Instagram, mandei e-mails e compartilhei o que aconteceu na minha rede social. Pedi às pessoas que verificassem seus aplicativos do banco e, caso identificassem o reembolso, fizessem a gentileza de comprar novamente, pois havia acontecido um erro.

Para a minha surpresa, 98% das compras foram refeitas. Nesse momento, eu percebi que estava construindo algo maior. As pessoas se envolviam, compartilhavam e se espelhavam no que acontecia na Moving, identificavam-se com a nossa comunidade. E quando pedi ajuda, perceberam que o certo a se fazer era comprar novamente o e-book, sem buscar se aproveitar do meu erro para tirar vantagem da comunidade da qual participavam.

A partir desse momento, nunca mais olhei para a Moving Girls com os mesmos olhos. Eu tive certeza de que se tratava de algo muito maior do que uma simples conta no Instagram com posts bombados. Aquela era a minha comunidade, repleta de pessoas que se encontravam no modo de pensar e de falar da Moving.

Passei a vida tentando corrigir os erros que cometi na minha ânsia de acertar.

— Clarice Lispector

Comecei a analisar por que aquelas mulheres se reconheciam naquilo que eu compartilhava, a fim de entender a fundo como funcionava o sentimento de pertencimento e o que aquilo significava para mim e para a minha empresa. A literatura a respeito da criação de comunidades digitais não era tão extensa, mas já havia muitos livros sobre como liderar grupos.

Acho importante ressaltar o quanto é útil buscar informações a respeito de comunidades e criação de empresas fora das redes sociais. Estamos cada vez mais acostumadas a ter todas as respostas a apenas alguns cliques, no Instagram, Twitter ou Google. Mas não podemos subestimar o poder de cursos especializados, livros e outros materiais.

Eu sempre reforço isso na Moving, e é por esse motivo que procurei criar meus cursos, em que podia lecionar da minha forma e com a minha linguagem.

Estudar a minha comunidade me fez entender melhor as referências que eu usava e também aquelas que faziam parte da vida das empreendedoras que me acompanham. E, acima de tudo, percebi a diferença de uma equipe verdadeiramente engajada. Independentemente da função que cada um desempenhava, a sensação de pertencimento lhes dava a certeza de estar construindo o mundo dos sonhos, do encantamento.

Uma comunidade engajada consome mais

Muitas pessoas ingressam no mundo virtual com a intenção de vender. E é claro que vender é importante, afinal, precisamos de dinheiro para fazer as nossas coisas. Mas para vender em redes sociais, você precisa ter uma comunidade engajada. Quanto mais eu me aprofundava nesses conhecimentos, mais resultados eu tinha.

Imagine que você tenha duas vendedoras diferentes. Ambas usam o mesmo produto com frequência e querem vendê-lo para outras pessoas. Uma delas posta diariamente fotos do produto com o preço embaixo e um possível código de desconto. A outra posta vídeos em que mostra como utilizar o produto, compartilha histórias de sua vida e conversa com aquelas que a seguem. Quem você acha que venderá mais?

É difícil se identificar com quem não aparece. E quando digo aparecer, não necessariamente estou falando sobre mostrar o seu rosto. Se você entrar no Instagram da Moving, verá muitos posts em que não apareço. E, mesmo assim, minha comunidade é engajada. Isso ocorre poque, apesar de não aparecer fisicamente, estou presente ali. Minha forma de falar, meus pensamentos, minha visão de mundo transparecem em cada post. E, assim, a venda acontece quase que de forma mágica, pois minha comunidade é constantemente nutrida. As pessoas passam a me conhecer e levantamos as mesmas bandeiras. Tudo isso porque há identificação, fazendo com que elas se sintam acolhidas.

É com base nesses pensamentos que a maior comunidade de empreendedorismo feminino do Brasil nasceu. E é claro que ela não vai parar por aí.

> Não é à toa que nosso lema é a dominação mundial.

O mesmo movimento acontece na história de Maria Luisa Rodenbeck, a empresária que trouxe o Starbucks para o Brasil.[13] Desde a infância, sua trajetória foi focada em se empenhar pela própria independência, sem deixar de lidar com as pessoas à sua volta, contagiando a todos com sua gentileza e atenção. Não se tratava apenas do negócio em si. Dos lucros, da marca, da empresa. Também era sobre as pessoas que faziam tudo isso entrar em movimento e crescer.

A forma atenta como ela tratava todos os colaboradores, e seu olhar crítico aos detalhes sem nunca perder o vínculo com cada um que a rodeava fez com que conseguisse um desempenho inigualável que a tornou referência. Ao ler sobre a sua história, percebi que uma de suas habilidades mais evidentes era a de lidar com pessoas: a maneira

---

13 MEDEIROS, Luciana. **Vai um cafezinho?**. São Paulo: Buzz, 2019

como recepcionava quem chegava em sua empresa e o cuidado com todos à sua volta, sendo clientes ou não.

As diferentes histórias de mulheres líderes que já li me mostraram um ponto em comum: elas construíram a própria história de modo aberto, engajando e inspirando quem estava a sua volta.

As comunidades se fortalecem quando há atenção, retorno, resposta, construção do vínculo. Na minha experiência, isso se provou exatamente no meu primeiro erro de venda, que serviu para notar a presença do forte vínculo com o meu grupo. Havia confiança, fidelidade e autenticidade entre nós.

Você não vai precisar cometer os mesmos erros

Entretanto, não quero que você cometa os mesmos erros que eu para, enfim, medir o tamanho e a força da sua comunidade. A vantagem de ler a história de outras empreendedoras é essa: aprender com os erros delas sem precisar cometê-los também.

Expus aqui o meu primeiro erro para que você possa entender, de forma tão nítida quanto uma fotografia, como foi que percebi a minha comunidade. E, analisando exaustivamente essa trajetória, pude me dar conta de como seria possível captar a grandiosidade de um negócio por meio da observação do coletivo que o compõe.

Você pode, sim, construir uma comunidade ao redor do seu negócio, independentemente de qual seja, sabendo que é fundamental:

1. **Ser você mesma.** Não importa se outras pessoas à sua volta digam que você não está agindo certo, está falando errado ou está sendo expansiva ou tímida demais. Para a sua comunidade começar a existir e se manter sólida, o primeiro passo é que ela tenha a sua cara. E isso só acontecerá quando você mostrar quem é. O famoso clichê do "seja você mesma" é real, é importante e é um dos passos mais difíceis de se dar.

2 **Amar o que você faz.** Sabe aquele papo de que quando você ama o seu trabalho, nunca mais precisará trabalhar? Tire isso da cabeça. Amar o que você faz não significa não trabalhar. Significa se dedicar a algo que faça os seus olhos brilharem, mesmo que você tenha que se levantar cedo num dia frio e chuvoso. Significa perceber que aquelas muitas horas de dedicação a um projeto vão resultar em um sorriso no rosto porque aquilo te faz feliz.

3 **Engajar a sua equipe.** A sua equipe faz parte da sua comunidade e precisa se sentir dessa forma. Ao fazer com que as pessoas se sintam parte do seu negócio e responsáveis por construir algo maior junto com você, seus laços se tornarão ainda mais fortes e o comprometimento será maior.

4 **Não ter vergonha de vender o seu produto.** Esse item é uma das maiores armadilhas para as empreendedoras, principalmente as iniciantes. Temos vontade de vender um produto, mas vergonha de falar a respeito dele. Se você não falar o que vende, como quer que as pessoas comprem? Só você acompanha diariamente o processo de confecção dos seus produtos e sabe do que eles se tratam, as dores que podem ajudar a solucionar e qual o seu diferencial. As outras pessoas não sabem. Divulgue nas suas redes, para seus amigos, para a família. Muitas vezes, as pessoas mais próximas acabam sendo nossas primeiras compradoras.

5 **Conhecer o seu público.** E estou falando de ir além dos dados que as redes sociais geralmente nos dão sobre ele. Você sabe que sua comunidade é majoritariamente formada por mulheres em determinada faixa etária e residentes em determinado lugar. E agora? Isso é o suficiente para entender como falar com essas pessoas e saber mais a respeito de suas necessidades e intresses? Procure descobrir mais sobre quem acompanha você. Saiba nomes, anote histórias. Entenda e aprenda exatamente o que o seu público quer e não quer.

6 **Não ter medo de errar e de mostrar os seus erros.** O meu senso de comunidade surgiu a partir de um erro meu. Ao compartilhar esse erro com você, posso ter te alertado de uma possibilidade na qual você talvez nunca tenha pensado a respeito das plataformas de venda. Sua comunidade é formada por seres humanos e você também é humana, passível de erros. Errar não faz com que você seja mais fraca: torna as conexões mais fáceis.

7 **Aprender. Permitir-se errar é permitir-se aprender.** Não avance para o próximo passo sem ter aprendido com seus erros. Pesquise, estude, tenha sede de conhecimento.

8 **Dominação mundial. Coloque isso na sua cabeça, miga!** Não sonhe baixo. Você vai dominar o mundo, isso é um fato. Então, bora arrasar!

Está pronta para dominar o mundo? Então, está na hora de analisarmos juntas como as comunidades se constroem nesse universo maluco e maravilhoso que é a internet. Porque, sim, se você habita o planeta Terra em pleno século XXI, não tem como fugir do mundo digital.

Mas o que são comunidades digitais?

Já falamos muito a respeito de comunidades. Elas nada mais são do que um grupo de pessoas com alto grau de identificação entre si. Uma comunidade compartilha os mesmos valores, o mesmo movimento, os mesmos assuntos, vive as mesmas dores e tem o modo "pertencimento" ativado a todo vapor. A sua comunidade é uma turma de pessoas que se identificam com você. Entre si, é possível discutir sobre diversos tópicos e aprender cada vez mais. As comunidades só existiam no mundo presencial, mas agora também estão presentes no digital.

Comunidade de marca

Primeiramente, vamos entender o que é comunidade de marca. Ela ocorre quando a comunidade gira em torno de interesses compartilhados por uma empresa ou produto. A comunidade de marca existe para estreitar laços entre a empresa e o cliente; para permitir discussões entre os usuários, como um fórum educacional; para conectar membros com outros membros; e para tornar também seus clientes defensores da sua marca.

Um grande exemplo de comunidade de marca é o Nike Run Club, app da Nike para reunir corredores que estão em níveis semelhantes de desenvolvimento. Ou a Nubank Community, um local onde os clientes falam sobre o universo financeiro digital.

Perceba que, nesses dois exemplos, o que une as pessoas não é o produto ou serviço em si, mas o valor que é possível agregar ao proporcionar uma conexão em comunidade para seus usuários, gerando pertencimento por meio da experiência do grupo, da interação entre as pessoas.

Afinal, mesmo no digital, pessoas são sempre pessoas.

Identificar-se por gosto, aspirações, medos, dores e sonhos em comum proporciona esse sentimento libertador de comunidade, o que

> O boca a boca é o fator primário por trás de 20% a 50% de todas as decisões de compra. Por consequência, a influência social tem um enorme impacto sobre produtos, ideias e comportamentos que pegam.
>
> — Jonah Berger

permite que a troca de informações e experiências, com ajuda e incentivos mútuos.

Essa construção de comunidade no mundo digital opera na estratégia conectada que vem sendo aplicada nos negócios. Assim como a Nike e o Nubank, outras comunidades vinculadas a um serviço ou produto se formam por aplicativos, caso, por exemplo, da Vivino, que já conta com mais de 50 milhões de usuários, e onde é possível saber a nota de determinado vinho, sua harmonização, seguir outras pessoas e trocar informações. E trata-se de um portal de vendas de vinhos!

Uma coisa é você escolher um produto numa loja virtual, clicar em comprar e pronto. Outra é você acessar um portal, uma comunidade, onde pode perguntar sobre o produto que deseja, o que as pessoas acharam, suas opiniões. O *feedback* tem se tornado cada vez mais o protagonista das relações nas comunidades, unindo todos pela semelhança de experiências e anseios. Percebe como tudo vai muito além da venda do produto ou serviço?

Seja como for, você também pode iniciar a construção de uma comunidade digital paralela ao seu negócio. Para isso, deixe claros alguns pontos: linha editorial, bandeiras, motivações, dores, inimigos em comum, rituais e formas de identificação com quem sente as mesmas dores e mesmas paixões. Esse é o primeiro passo para levantar a bandeira inicial daquilo que se tornará um movimento, fazendo com que as pessoas espalhem a mensagem e impactem outras pessoas.

A comunidade é um local seguro para os membros que estão na mesma caminhada e começam a se comunicar, ajudando-se mutuamente e erguendo uns aos outros. Você pode iniciar uma comunidade para ajudar pessoas sem ter a intenção de vendas, por exemplo. Esse foi o meu caso. Apenas depois de certo tempo que percebi o potencial de transformar a comunidade que eu havia criado em um negócio digital, sendo sempre fiel aos valores iniciais.

Há negócios que usam como estratégia a experiência pela relação de curadoria, como a Amazon, que a partir da compra de determinado livro, já identifica títulos semelhantes à escolha inicial e mostra outros livros relacionados àquele mesmo assunto que o público em geral tem comprado.

No livro *Estratégias conectadas*, de Nicolaj Siggelkow e Christian Terwiesch,[14] os autores apresentam as estratégias que têm sido exploradas pelas empresas em busca de oferecer "experiências conectadas" que satisfaçam uma necessidade, seja como oferta de curadoria/conduta de instrução, ou por aplicativos com execução automática (mais disseminados no setor da saúde).

É impressionante perceber que:

==A experiência das pessoas está em primeiro lugar, comandando estratégias e comprovando que as relações digitais estão se fortalecendo.==

As comunidades vão se formando de modo consistente em cada nicho de mercado.

Por que comunidade é o presente?

Sentimos cada vez mais falta de pessoas que mostrem vidas reais e humanas pelas quais nos vemos representadas. Pessoas responsáveis pela realidade que criam. A comunidade nada mais é do que pessoas juntas por uma razão, uma causa, uma paixão e uma dor. Unidas, elas dão vida à comunidade, em busca do sentimento de pertencimento.

A grande vantagem das comunidades é o fato de serem diferentes umas das outras. Você já deve ter se deparado, por exemplo, com tuítes viralizados falando do conteúdo de determinada pessoa com o qual não se identifica. Isso porque essa criadora de conteúdo não faz parte da comunidade na qual você se reconhece. Entretanto, ela provavelmente tem a própria comunidade, que consome o conteúdo dela e concorda com suas ideias. A pluralidade de ideias faz com que existam diferentes comunidades, e a era da internet torna essa heterogeneidade

---

14 SIGGELKOW, Nicolaj; TERWIESCH, Christian. **Estratégia conectada: como construir relacionamentos contínuos com clientes e alcançar vantagem competitiva.** São Paulo: Benvirá, 2020.

ainda mais perceptível, uma vez que você pode encontrar diversos grupos simplesmente passando o dedinho pela tela do seu celular.

Acima de tudo, a comunidade gera conversas, relacionamentos, debates de ideias, aproximação, pertencimento, segurança, orgulho, humanização e vida real. Um negócio que tem uma comunidade como base cria fãs, loucos pela sua marca, pela sua causa, pelo seu rolê. Eles defendem, integram, divulgam e fazem com que o seu negócio não seja apenas uma empresa, mas um movimento.

A partir das conversas em comunidade, é possível conhecer as mais diferentes histórias sobre superação, dilemas enfrentados por outras pessoas, cagadas compartilhadas, e grandes descobertas e estratégias que inicialmente pareciam boas, mas provaram ser uma excelente forma de tomar no cu.

É na troca em comunidade que vão se formando os laços por identificação e inspiração. Ela fortalece qualquer coisa que você faz, vende e propaga. Também potencializa suas ideias, faz da sua casa a dela e, o principal: conecta com humanidade as paixões e dores das pessoas.

Quando li *Personal Branding*, de Arthur Bender,[15] logo de cara me identifiquei com o que ele fala sobre confiança, porque é justamente disso que se trata a comunidade: confiança sendo alimentada dia a dia, experiências que são compartilhadas. Bender diz que a "confiança se constrói a passos lentos, na direção certa, no mesmo sentido, acrescentando valor às percepções alheias. Essa é a essência do gerenciamento de marcas pessoais. Construir confiança na diferença que fizemos para o mercado na visão dos outros. Construir a percepção de valor por meio da confiança".[16]

É assim que se fortalecem os vínculos em um relacionamento. À medida que as pessoas vão se identificando e aplicando em seu negócio o que já foi validado pela comunidade, obtém-se resultados, porque, afinal, alguém já se lascou e errou muito para chegar até ali, e a troca de experiências se mostra eficiente para delinear os caminhos que funcionam e os que não funcionam.

---

15 BENDER, Arthur. **Personal branding: construindo sua marca pessoal**. São Paulo: Integrare, 2009.
16 Idem.

> A comunidade nada mais é do que pessoas juntas por uma razão, uma causa, uma paixão e uma dor. Unidas, elas dão vida à comunidade.
>
> — CAMILA VIDAL

A comunidade é, hoje, uma prova de que as pessoas seguem exemplos e se inspiram em alguém que não desiste até ter sucesso e conseguir o que quer, mesmo enfrentando dificuldades e perrengues que são rotineiros na vida real.

Se paro para analisar a história de vida de algumas pessoas, como a do Flávio Augusto da Silva, fundador da Wise Up, conforme ele conta sua caminhada, percebo (fora todo o mérito que deve ser dado a ele) os problemas, a convicção para enfrentar os períodos ruins e a maneira de enxergar além quando comemorava as vitórias. Noto que ele compartilha sua história para inspirar as pessoas. Administra a comunidade Geração de Valor, indo além do conteúdo sobre empreendedorismo para inspirar as pessoas a refletirem e se movimentarem.

> Garra, perseverança e convicção para construir a própria história por meio do empreendedorismo sempre foram a marca da Moving Girls

A marca é baseada na inspiração que as pessoas me davam ao mostrar que, mesmo com os perrengues, podemos chegar onde queremos. Essa vontade de crescer e ter liberdade para minhas escolhas e meus projetos vem cativando as seguidoras que procuram no empreendedorismo feminino o impulso para a ação.

Hoje, vejo comentários em meus posts antigos de 2017 e tenho a certeza de que somente compartilhando sua história as pessoas podem, de fato, confiar em você. Entre tantas mensagens das migas que me emocionam, quando leio:

> "Saber de onde você veio me mostra que eu também posso chegar lá!"

Isso me faz acreditar que fiz a coisa certa e consegui mostrar que todas nós podemos construir, entregar resultados, aprender o que não sabemos, descobrir novos caminhos, conhecer novos lugares, encontrar novas maneiras de pensar por meio do *networking*, firmar parcerias para crescermos mais rápido, mudar o nosso rumo, nos inspirar de novo e recomeçar, se necessário. Podemos dominar o mundo.

CAPÍTULO 4

COMO CONSTRUIR SUA COMUNIDADE?

> Os melhores vendedores são aqueles que se sentem parte de algo, sabem que estão ajudando as pessoas e, ao mesmo tempo, ganhando dinheiro.
>
> — Jurgen Klaric

"Tudo bem, Camila, você já me convenceu. Eu entendi a importância de criar uma comunidade, mas esse já não é mais o começo da internet. Está mais difícil crescer. Como posso fazer para criar uma comunidade?" Se é isso que você está pensando, então, miga, joga essa ideia para o lado. Foda-se que já não estamos mais no começo da internet e que há muitas pessoas construindo comunidades.

Essa é exatamente a beleza da ferramenta digital: uma mesma pessoa pode se identificar com comunidades diversas. E por que uma delas não pode ser a sua? Claro que pode. Você tem experiências para compartilhar, histórias para contar e muita vontade de ouvir, aprender e se conectar. Você é uma empreendedora foda, é uma Moving Girl!

Então, tendo em mente que você pode, sim, dar início ao seu projeto de dominação mundial a partir de agora, é necessário aprender como construir a sua comunidade. Lembra que eu passei muito tempo estudando sobre o assunto? Sei, na teoria e na prática, exatamente como funciona esse processo. E agora você também vai aprender.

Começar uma comunidade é começar um movimento. É ter visão a longo prazo. É estar preparada para nutrir, servir, ajudar e compartilhar. Você pode começar a sua respondendo a algumas perguntas, de acordo com o tipo de comunidade que queira criar.

Comunidade paralela ao seu negócio

1. Eu quero mesmo criar uma comunidade, ajudar e servir pessoas sem retorno financeiro imediato em prol de liderar um movimento a longo prazo?

2. Qual a transformação, causa, bandeira e motivação para construir essa comunidade?

3 Qual o tipo de membro que vai se identificar com a minha comunidade (persona, personalidade, tipos de inimigos, dores e paixões em comum)?

Exemplo: aplicativos voltados para atividades físicas e que criam uma rede social onde os usuários podem seguir uns aos outros e acompanhar o desempenho dos amigos. A assinatura permite monitorar a perda de peso e de calorias e compartilhar exercícios e roteiros de caminhadas.

Quando comecei a Moving, alimentava o perfil com minhas experiências e sonhos, sempre usando a expressão "dominar o mundo". A longo prazo, isso gerou um movimento, porque eu sabia quanto os conteúdos que compartilhava ajudavam as pessoas, apesar de não ter retorno financeiro imediato com isso. Sabia que aquelas que estavam ali tinham tantas dificuldades quanto eu tive no começo e que queriam saber como lidar com isso, que também tinham sonhos e queriam realizá-los.

Sempre fui autodidata e percebia que as pessoas que não são do tipo "faça você mesma" sofrem porque não têm orientação e não sabem como conseguir se movimentar sem um conteúdo que as ensine. Por esse motivo, à medida que ia aplicando e validando o que eu aprendia na prática, já compartilhava no perfil, a fim de incentivar outras mulheres, ensinando como fazer ou alertando para não ir por determinado caminho, pois as chances de dar merda eram grandes.

É claro que seu tempo se torna mais escasso quando você tem um negócio e vai alimentando na comunidade o que está dando certo e o que está trazendo problemas, afinal, tudo isso dá trabalho. Não adianta simplesmente jogar a informação lá de qualquer jeito. Tem que pensar na arte, na identidade visual, na linguagem, na comunicação e na maneira de contar e mostrar quais resultados foram possíveis de alcançar.

No começo – e hoje também continua assim, mas meu negócio agora é a Moving e minha marca pessoal – eu mantinha a agência e a comunidade e, claro, que não tinha sábados, domingos, feriados e férias.

Férias, o que exatamente é isso?

Além da dedicação ao meu negócio, eu também me dedicava à comunidade, repassando a minha trajetória e ensinando o que ia aprendendo pelo caminho.

Comunidade de marca

1. Como eu posso substituir clientes, audiência e seguidores por comunidade?

2. Qual o interesse, paixão ou dor em comum que conecta os meus clientes? Esse tema é forte o suficiente para gerar uma comunidade?

3. Como criar uma comunidade a partir do meu próprio negócio?

4. É possível fazer o cliente querer comprar e, ainda assim, sentir parte da minha marca?

Exemplo: citando mais uma vez neste livro, o aplicativo criado pela Nike que reúne uma comunidade voltada para treinos, vida saudável e tudo o mais. Essa identificação gera um sentimento de pertencimento que acaba se vinculando à marca e vice-versa. É o engajamento pelo que a marca representa, antes do produto em si.

Por mais impossível que possa parecer num primeiro momento, todo negócio pode, sim, virar uma comunidade se quem estiver por trás dele tiver interesse real nisso. Quer ver como funciona na prática?

Uma pessoa que, por exemplo, tem uma cafeteria, pode criar uma comunidade para apaixonados por experimentar cafés ao redor do mundo. Isso fortalece a marca, cria engajamento entre os membros e faz com que sua empresa fique sempre presente na vida daquele cliente.

Engraçado como isso faz com que a marca se fixe na nossa mente! Nós já temos, de forma geral, a tendência de associar certas marcas ao que elas fornecem. Pense comigo: quantos produtos você chama pelo nome da marca em vez de dizer o nome dele em si? "Preciso tirar um xerox!", ou "Vou comprar um post-it para meus lembretes!".

Isso não acontece apenas porque a empresa detém grande parte do mercado. Está relacionado a algo que vem antes, na identificação da necessidade e o oferecimento de uma solução que seja de fato eficiente. E o mais importante: as pessoas se conectam à marca pelo que ela representa; caso, por exemplo, da Apple, que não possui apenas clientes, mas uma comunidade fiel – e, sim, me incluo nela.

É a postura da Apple que conquista os seguidores e constrói a marca, e não apenas os seus produtos. Atitudes que quebram o *status quo* e vão contra os padrões e costumes já estabelecidos.

A empresa foi responsável por revolucionar a maneira como o celular era usado. O lançamento do primeiro iPhone representou uma mudança radical. Adeus, botões e olá, tela *touch*.

A "alma do negócio" está na maneira como ele opera. Ao contrário das outras marcas, que precisavam submeter seus recursos ao que as provedoras do serviço determinavam, a Apple fechou um contrato de exclusividade com a AT&T – que, ok, foi a única que concordou – para que pudesse criar os recursos do seu jeito e, então, o provedor se ajustasse ao sistema já criado para poder operar. Houve uma inversão da ordem: quem ditava as regras agora era a fabricante de celulares, e não mais o contrário.

Essa postura de inversão de regras é uma conduta da marca que gera identificação, trazendo para si seguidores que se tornam fiéis consumidores. O senso de pertencimento a um grupo que busca suas próprias regras, com ímpeto revolucionário, criativo, ousado.

Para ambas as comunidades

1 Qual será a principal plataforma da minha comunidade (grupo do Facebook, Telegram, perfil no Instagram, perfil do TikTok, uma área de membros, um fórum)?

2 . Como sua comunidade é chamada? Por exemplo: na Moving Girls, chamamos nossa comunidade de "migas".

Quando falo "plataforma principal", estou me referindo ao local de origem, ao ponto de encontro, ao lugar de referência.

Isso não quer dizer que essa plataforma será sua única opção – pois já vimos que isso é negativo. Sua marca deve estar em plataformas variadas, adaptando a cada uma delas a identidade visual, o conteúdo, os intervalos de publicação etc. Como eu sempre digo, manter uma única plataforma é colocar todos os ovos numa mesma cesta. Isso é muito arriscado e pode representar um desastre para o seu negócio. Eu sempre pensei nisso: manter firme a marca Moving em quantas plataformas fosse possível, garantindo a qualidade do conteúdo. Além disso, tinha na cabeça o objetivo de ter a nossa própria plataforma.

Você pode perceber, na verdade, que esse é um objeto muito presente em minha vida.

Nunca quis estar dentro de uma empresa grande, sempre quis ser a dona da empresa grande.

Por isso, a abertura da plataforma da Moving foi uma conquista que eu já tinha planejado há muito tempo e, nela, busco proporcionar todo o conteúdo necessário para que as empreendedoras possam aplicá-lo nos seus negócios e dominar o mundo.

A identidade na linguagem também é muito importante, e entender que a comunidade tem um nome e uma forma de se identificar gera o senso de familiaridade que faz toda a diferença. É uma forma de humanizar a sua marca, trazendo mais proximidade com as pessoas que estão ali para ouvir o que você tem a dizer e que se sentem confortáveis para desabafar sobre suas dores e sonhos.

Dar um nome para a comunidade é uma coisa muito natural, e muitos já fazem isso há um tempo. Por exemplo, Geronimo Theml se refere àqueles que participam de seu treinamento voltado para alavancar mudanças nas pessoas, o WA, como Awakers. Quando eu falo "migas" em um vídeo, numa *live* ou numa aula, eu sei que tem muitas mulheres ali me assistindo e se sentindo à vontade, porque são uma miga.

Uma miga é alguém que está engajada ou busca se alavancar no empreendedorismo feminino e construir sua história. Ela faz parte dessa comunidade, a história dela tem importância, e todas estão ali para se ajudar, trocando experiências e, inclusive, divulgando seus trabalhos.

Para se ter ideia do quanto isso é importante, na comunidade Moving Girls, pensei em uma maneira de promover essa troca e consolidar o vínculo entre todas as migas, e por conta disso foi criado um espaço para que as empreendedoras se apresentassem, falassem de seus negócios e firmassem parcerias.

Nós vamos dominar o mundo!

Por que você deve construir uma comunidade?

A criação de uma comunidade, pelo menos como aconteceu comigo, é algo natural, que vem de dentro e transborda. Quando você é uma empreendedora que já resolveu suas questões, vê seu negócio andar, consegue ter equilíbrio financeiro e enxerga com clareza as próximas etapas da sua empresa, compartilhar sua história passa a inspirar outras que podem não estar no mesmo patamar.

À medida que fui caminhando, compartilhando minha rotina, meu dia a dia, o que tinha dado certo e o que me deixava puta quando acontecia, fui gerando um vínculo com quem me seguia. Compartilhava tudo o que acontecia comigo com a intenção de mostrar que era possível conquistar aquilo que se desejava e construir sua história como quisesses. Essas pessoas comentavam e enviavam mensagens que, aliás, eu sempre respondia. Desde o começo, um dos diferenciais da Moving é o atendimento. Nunca deixei de responder,

> Nós vamos dominar o mundo!
>
> — *Camila Vidal*

e tenho certeza de que isso contribuiu demais para o crescimento orgânico que tive.

Além disso, buscava quebrar os padrões de como uma empreendedora deve ser. Se existe uma pluralidade tão grande de comunidades e personalidades, não faria sentido que todas as empreendedoras tivessem que apresentar o mesmo perfil para ter sucesso, certo?

Frases como "minha diversão não anula minha competência" geram identificação porque, de fato, passamos por esses momentos. Principalmente por sermos mulheres, é comum que duvidem de nossa capacidade se não nos enquadrarmos nos perfis de comportamento que esperam de nós. E eu digo: que se fodam essas regras, eu sou uma empreendedora foda que fala palavrão, sim.

São situações da nossa rotina empreendedora com as quais temos que lidar.

> **Ao compartilharmos as experiências e os sentimentos durante essa trajetória, alimentamos nossos vínculos e transbordamos.**

Você acumulou experiência, bagagem, vivência; defende bandeira; tem tanta coisa concentrada dentro de si que aprendeu fazendo e quebrando a cara. Isso precisa virar ensinamento para outras pessoas, precisa virar conteúdo, precisa ser passado para a frente de uma forma que nenhum curso tradicional consegue, porque você tem experiência.

Quando você transborda, você está pronta para criar um movimento e transformar pessoas. Você defende muito algo e quer mostrar que isso pode também mudar outras vidas, você tem um movimento. Acontece de forma quase imperceptível. Você vai servir, produzir e trabalhar de graça nas primeiras fases, mas a vontade de passar informação para a frente é tão grande que logo isso se tornará uma forma de ganhar dinheiro e ajudar outras pessoas. E essa é uma combinação maravilhosa.

É um fardo pesado ser uma empreendedora inquieta. Eu entendo, miga, também sou. Ficamos preocupadas com rótulos, com propósitos, com o que ainda está por vir. Conquistamos o que queremos e passamos a querer ainda mais. Estamos sempre em movimento. E é por isso que sabemos o que nossos objetivos realmente representam.

É na caminhada – ou, nas palavras de Brené Brown, é na arena da vida – que estamos expostos e podemos crescer com nossa vulnerabilidade. Sem isso, não há como amadurecer e descobrir de fato o que você quer construir.

Está tudo bem querer mudar o trajeto de anos fazendo a mesma coisa. Eu mudei. Foram quase seis anos de agência para que eu chegasse até aqui, à frente de uma comunidade de mulheres que constroem as próprias histórias!

Empreender deve ser uma descoberta constante, e não uma prisão onde você tem que insistir em alguma coisa que não te preenche, que não te alegra.

Se você empreende, tem que ter tesão no que está fazendo para enfrentar os desafios, assim como também tem que ter serenidade e desprendimento no momento de se despedir e passar para uma nova fase. É preciso discernimento para perceber que aquilo que te trouxe até ali era apenas uma etapa, e não a sua vida inteira!

> Quando você
> transborda,
> está pronta para
> criar um movimento
> e transformar
> pessoas.
>
> — Camila Vidal

CAPÍTULO 5

SUA COMUNIDADE ALAVANCARÁ SUAS VENDAS

Sua capacidade
de se sair bem na
vida depende de sua
capacidade de vender
aos outros as coisas
nas quais você
acredita!

— GRANT CARDONE

Uma das marcas da minha comunidade é a sinceridade. E, sendo sincera, preciso dizer que se a sua única intenção ao criar uma comunidade é vender, seria melhor você desistir. Parece contraditório com o que defendi anteriormente, mas não é.

Quando você cria uma comunidade apenas com a intenção de vender, você não terá a paciência e a verdade necessárias para fazer todas as etapas pré-venda. Para que uma comunidade dê certo, é preciso criar compromisso, nutrindo-a diariamente, entregando conteúdo, interagindo constantemente com a sua audiência, gerenciando as pessoas dentro dela e realmente fazendo com que aquele seja um ambiente de troca e compartilhamento de experiências e informações.

Você vai ter que entregar muito conteúdo de graça antes de começar a vender.

> É um princípio muito simples: as pessoas não vão comprar de alguém com quem não se identificam.

Você pode ter encontrado a solução mais incrível para os problemas do seu público-alvo, mas se ele não conhece você e sua história, e se não entende por que o produto que você oferece vai revolucionar a vida dele, ninguém vai investir dinheiro nessa compra. Quando você constrói uma comunidade, suas vendas explodem.

Grant Cardone, em seu livro *Venda-se ou seja vendido*,[17] coloca que todos nós somos vendedores o tempo todo, o que faz muito sentido. Estamos sempre tentando convencer alguém de nossas ideias, de nossos sonhos e, para tal, precisamos vendê-los. Pense, por exemplo, no momento da sua infância em que você queria convencer seus pais a comprar determinado brinquedo. Você vende a ideia de que aquele

---

[17] CARDONE, Grant. **Venda-se ou seja vendido: como trilhar o seu caminho nos negócios e na vida.** Rio de Janeiro: Alta Books, 2021.

brinquedo é essencial para você, na esperança de que eles se compadeçam e comprem. É quase um *pitch* de venda.

O autor faz uma interessante comparação com o amor verdadeiro, que seria a melhor das comissões, conquistada pelo parceiro certo que irá cuidar, cultivar e manter o relacionamento crescendo. Essa é a comunidade, que necessita de dedicação contínua.

E, assim como em um relacionamento, é importante lembrar que se trata de uma via de mão dupla. À medida que eu alimentava a comunidade e ia contando tudo o que estava acontecendo comigo, também acompanhava, por comentários e mensagens, o que as migas passavam na jornada delas no empreendedorismo. Exige dedicação tanto para orientar e informar, como para ouvir. E essa dedicação é essencial em uma comunidade. As pessoas estão ali para ser ouvidas, para ter a liberdade de se pronunciar sem medo, porque pertencem àquele grupo.

É um jogo de longo prazo. Se quiser colher esses frutos, você precisa jogar: servindo sua comunidade, sustentando-a e se disponibilizando para ela.

Uma das coisas que também aprendi nessa jornada é que você precisa pensar como uma empresária, mesmo tendo coração de empreendedora. Isso faz com que você consiga transformar uma comunidade em um negócio lucrativo sem perder a essência que deu início a ela. Ser estratégica nas suas ações fará com que você colha os frutos profissionalmente.

Eu sempre vi com clareza a forma como queria construir a minha história, e me esforcei para que isso acontecesse. A escolha sempre esteve nítida em minha mente. Portanto, comecei a entender que a empreendedora deveria ter estratégias preparadas para quando se tornasse empresária e, então, me dediquei a isso. Quando a hora chegasse, eu saberia o que fazer.

Nunca poupei esforços e sempre procurei nitidez na construção de minha comunidade, e de minha empresa. É claro que isso implica escolhas, porque dedicar-se de domingo a domingo, estudar, aprender sozinha, colocar a mão na massa não é fácil, mas sentia que estava no caminho certo quando compartilhava tudo o que estava passando, e sentia que as migas se identificavam, que meu conteúdo estava sendo fonte de inspiração.

> Você precisa pensar como uma empresária, mesmo tendo coração de empreendedora.
>
> — Camila Vidal

Alimentar a comunidade era usar minha rotina, minhas dores e meus sonhos para comprovar a veracidade do que eu vivia e fazia. Prova disso foi não só a confiança que as migas depositaram em mim ao comprarem novamente o meu primeiro e-book para que eu pudesse receber o valor, como também o reconhecimento do que aquele material agregaria para elas. Era, de fato, um conteúdo de valor.

Isso sempre contribuiu para que eu fizesse escolhas que me guiassem para o caminho que eu desejava. Foi assim que escolhi abrir mão do CLT, de me divertir aos sábados e domingos e de ficar acima do ego, que, como explica Ryan Holiday, nos impede de arriscar, uma vez que torna as escolhas mais difíceis. E sempre esteve muito claro para mim que eu queria construir minha própria história!

Empreendedora ou empresária?

Existe uma distinção entre empreendedora e empresária. Podemos dizer que toda empresária tem uma empreendedora dentro de si, mas não necessariamente toda empreendedora é uma empresária. Lembre-se, por exemplo, da Camila Vidal ainda adolescente que fazia um dinheiro extra vendendo cartões na escola.

Ainda que esse termo não fosse tão difundido na época, ela já era uma empreendedora, mas não era uma empresária. Simplesmente porque não tinha uma empresa, não fazia controle de sua receita, não tinha metas e objetivos para o seu negócio. Eu vivi cada uma dessas fases e pude perceber na prática o que diferencia uma da outra.

Começamos como empreendedoras, mas precisamos ter mente de empresárias. Precisamos pensar grande e fazer o possível para que nossa empresa cresça. Eu sempre vi cada uma das empresas que criei como o próximo grande estouro da mídia. Imaginava as manchetes e entrevistas que daria contando a minha história de sucesso e dedicava todo esse esforço para fazer com que aquela empresa desse certo.

A empreendedora é aquela que simplesmente começa.

Há um grande número de mulheres que inicia no empreendedorismo por necessidade. Mas há também quem traz o desejo aliado à necessidade de ser responsável pelos seus próprios ganhos, ter mais liberdade, trabalhar de casa e ter mais qualidade de vida.

A empreendedora vai dar a primeira jogada e trabalhar intensamente para construir uma reputação para sua empresa, nutrir uma lista de clientes, fazer com que a marca seja conhecida, desenvolver um posicionamento na internet e sustentar tudo isso.

Ela vai ter ideias incríveis e colocar cada uma delas para rodar. Mas quando você está no meio do turbilhão que é empreender, facilmente percebe que o dinheiro que está entrando não condiz com a quantidade de horas que você trabalha, se atenta para a falta de gerenciamento financeiro e aceita que não dá para simplesmente viver um dia após o outro sem planejamento, sem projeções e sem ideia do que virá nos próximos doze meses.

Aí entra a necessidade de profissionalizar o seu trabalho e tornar o seu empreendimento uma empresa de fato. É por isso que eu digo que você não precisa se preocupar de antemão com todos esses fatores. Essa preocupação pode travá-la logo no início, quando não há necessidade alguma. Apenas comece.

Eu mesma larguei o modelo tradicional de trabalho, pedi demissão e dei continuidade em empreender totalmente home office para atender ao meu desejo supremo de ganhar R$ 5 mil. Era só o que eu queria: trabalhar em casa, de meias, vendo Netflix quando desse, atendendo meus clientes e ganhando cinco mil reais por mês.

A empreendedora é uma pessoa de ação, de ideias, de mão na massa. Ela faz acontecer com o que tem, está sempre trabalhando mais do que consegue, passa noites sem dormir e, no final do mês, chega à conclusão de que nunca tem dinheiro. Eu sei como é, eu já passei por isso.

Vale considerar que nessa hora é importante dar atenção às suas dificuldades e perceber o que falta estudar, o que falta conhecer; pesquise por cursos que possam ajudar a resolver problemas de comunicação, de marketing, de finanças, ou simplesmente de organização e foco. Como já falei, sempre procurei identificar onde eu não estava conseguindo performar direito e metia a cara em livros, vídeos, palestras e conteúdos para preencher essas lacunas e me construir.

Eu acredito que devemos cultivar dentro de nós um pouco da empreendedora que nos fez começar e aguentar firme enquanto desenvolvemos a empresária que vai mexer as peças do jogo dos negócios. A empreendedora é quem cria, quem tem as grandes ideias e trabalha duro. Foi exatamente isso que fez muitas mulheres de negócios chegarem longe.

Uma empresária também é empreendedora. Você precisa ser empreendedora a cada instante, ter clareza dos seus objetivos para entender no que exatamente é preciso investir seu tempo, seu dinheiro e sua dedicação para obter o resultado desejado.

Mas quando passa a ter uma postura de empresária perante o seu negócio, você começa a aprender sobre estratégias e sobre trabalhar de forma inteligente. Trabalhar muito já não é sinônimo de sucesso; trabalhar de forma inteligente, sim. E isso você vai aprender conforme deixar o seu lado *empresária estratégica* entrar em ação.

Leia mulheres de sucesso

São tantas as histórias de mulheres inspiradoras que não se intimidaram e puseram a mão na massa! Se você não conhece nenhuma, é fácil encontrá-las em notícias de jornais e revistas, em livros, na televisão. Indico, por exemplo, ler *Empreendedoras de Alta Performance*,[18] que apresenta trajetórias incríveis de mulheres que contaram com a ajuda de parentes ou que fizeram suas trajetórias sozinhas, aproveitando todas as oportunidades possíveis para se qualificar, como se candidatar a bolsas de estudo para integrar o programa global 10.000

---

18 LUNCAH, Tatyane; ROMA, Andréia; COTOSCK, Vanessa (coord.). **Empreendedoras de Alta Performance: mulheres como você contando suas estratégias**. São Paulo: Leader, 2016.

Mulheres de capacitação para gestoras,[19] podendo alavancar o faturamento da empresa.

O comprometimento é um hábito. Se tem o costume de cumprir o que promete e de estabelecer metas para si, você se acostuma mais facilmente a não se acomodar e correr atrás daquilo que deseja. Porque é claro que o caminho não é fácil, miga. Exige dedicação. Mas você sempre deve ter em mente o seu maior desejo: ser dona de uma empresa foda. Você tem que estar convicta dos seus objetivos para entrar nesse universo.

Por vezes, pode ser desesperador perceber que a sua empresa depende somente de você. Na hora do aperto, não tem para onde correr. Mas, ao se informar sobre a história de outras mulheres, você pode encontrar o conforto para arregaçar as mangas e resolver os seus perrengues. Procure saber, busque inspiração, pratique a vulnerabilidade[20] e ouse!

Gosto de trazer comigo esses ensinamentos de Brené Brown, que falam o quanto é importante a exposição de nossas ideias. Entramos na arena para conquistar o crescimento que o nosso negócio merece. Receberemos críticas e seremos, muitas vezes, foco de comentários maldosos. Mas isso aconteceria de qualquer forma, porque há pessoas que focam todo o tempo e energia em criticar o próximo. Não é muito melhor lidar com as críticas sendo dona do próprio cu, uma empresária rica e foda?

Você tem seus princípios e sabe o que é importante para você. Saiba usar a exposição como uma oportunidade de ouvir, de aprender e de encontrar aqueles que te olham com empatia e se dispõem a contribuir de verdade, mostrando o que você pode melhorar, te inspirando e te encorajando.

Acredite, a jornada não é fácil e temos muitos "nãos" pela frente. Howard Schultz[21] não conseguiu fazer logo de cara tudo o que ideali-

---

19 10.000 Mulheres é um programa global do banco de investimentos Goldman Sachs e da Goldman Sachs Foundation voltado para a capacitação de mulheres gestoras, proporcionando educação em administração e gestão de negócios a mulheres empreendedoras.

20 BROWN, Brené. **A coragem de ser imperfeito: como aceitar a própria vulnerabilidade, vencer a vergonha e ousar ser quem você é.** Rio de Janeiro: Sextante, 2016.

21 SCHULTZ, Howars. **Dedique-se de coração.** São Paulo: Buzz, 2019.

zou na Starbucks. Ele fez o experimento de colocar um café servido em xícaras na loja que, até então, vendia apenas grãos. Foi um sucesso, com pessoas se aglomerando para saborear o café. Você acha que, então, ele recebeu o "sim" que queria? A resposta foi um sonoro "não", que, entretanto, não fez com que ele desistisse.

Ele iniciou o próprio negócio em 1985 abrindo o Il Giornale, um café charmoso que aliava a qualidade da bebida ao charme dos cafés italianos, dedicando sua atenção a cada detalhe do ambiente e investindo na experiência do cliente, não somente no produto em si. Durante dois anos, ele se dedicou completamente a esse negócio, até que conseguiu comprar os ativos da Starbucks e mudou seu nome para Starbucks Corporation, unindo as duas marcas.

Quando você tem a determinação e convicção de que seu projeto vale a pena, o empreender é inevitável, é gratificante, é insaciável. Como eu já disse antes – e não canso de repetir –, empreender e realizar seu sonho, construir sua história, faz você transbordar! Fica cada vez mais gratificante superar dificuldades, encarar o "não" e ressignificá-lo.

Você não consegue desistir porque não vê outra opção a não ser alcançar aquilo que almeja. E assim você entende cada obstáculo como uma oportunidade de testar um novo jeito, até descobrir aquele que funcionará.

É um aprendizado e uma conquista diária. É aí que reside a verdadeira graça do empreendedorismo.

Você precisa começar; o resto a gente ajusta no caminho.

Após construir um negócio que está dando certo, você precisa ativar o modo empresária dentro de você para otimizar o seu negócio, escalar sua produção, digitalizar seus processos e expandir. Essas são coisas básicas que muitas empreendedoras nem ao menos imaginam que sejam necessárias, mas que podem mudar o jogo: de abrir um CNPJ a ter pró-labore ou fazer uma projeção anual de ganhos. A empresária é aquela que está disposta a fazer negócios.

Quando você tem
a determinação e
convicção de que
seu projeto vale a
pena, o empreender é
inevitável, é gratificante,
é insaciável.

— CAMILA VIDAL

Uma simples separação de conta bancária de pessoa física e pessoa jurídica já pode explodir sua mente e te mostrar como você pode expandir seus resultados e trabalhar de forma inteligente.

É o momento de racionalizar, de ter atenção ao que é essencial e eliminar o que for trivial. Não adianta achar que somos multitarefas. Não somos. Nossa atenção e nosso foco se dispersam quando vemos que algo não vale a pena, que não há contribuição para atingirmos o objetivo. Estabeleça uma meta clara e mensurável para que você possa se planejar e excluir qualquer falsa oportunidade que possa aparecer para te desviar do caminho.

Aprenda a dizer "não"

Pode ser que você já tenha passado pela experiência de ser convidada para uma festa que não gostaria de ir, mas não teve coragem de dizer "não". E enquanto estava lá, percebeu que perdeu tempo com algo que você não queria fazer.

A mesma coisa acontece quando você se torna empreendedora. É muito importante ter a certeza do que você não quer. Saber quais são os seus limites ajuda a perceber o que pode se tornar uma perda de tempo e a priorizar, falando "não" quando tem que ser dito.

No começo, parece até difícil pensar num dia em que talvez possamos recusar serviço a determinados clientes ou dizer "não" a determinadas oportunidades que aparecem. Enquanto social media, por exemplo, eu queria ter clientes para construir o meu portfólio de trabalho. Esses clientes me pagavam e, assim, alcancei o salário que eu desejava e não tinha no CLT. Quando a Moving começou a crescer e vi oportunidades de monetizar, tive que fazer uma escolha. Eu poderia ter continuado como social media e aumentado o meu número de clientes, o que em breve exigiria que eu contratasse mais pessoas e transformasse a minha atividade empreendedora em uma empresa que fornecesse serviços da área. Parecia a opção mais segura, mas não era a que eu queria.

Tive que aprender a dizer "não", terminar relacionamentos com clientes e saber dar continuidade ao projeto que de fato me dava fogo no cu. Tirei do caminho aquilo que já não queria mais fazer para focar toda a minha atenção na atividade e nas conquistas que eu almejava. Percebi que não valia a pena perder tempo com pessoas, cursos, coisas e compromissos que em nada agregariam no meu caminho rumo à realização.

Parece uma coisa horrorosa de se dizer, mas a verdade é que somos condicionados, desde crianças, a encarar a negativa como algo frustrante e quase agressivo – principalmente nós, mulheres. Dizer "não" para alguém nos traz imenso peso na consciência, e isso é uma grande bobagem!

Convicta de meus objetivos, comecei a procurar livros que me ajudassem e encontrei o *Essencialismo*, do Greg McKeown,[22] que mostra o quanto ser objetivo tem mais a ver com tirar o que atrapalha, do que qualquer outra coisa. A nossa perda da capacidade de escolha é tão inconsciente que, por vezes, mal percebemos. Nos tornamos incapazes de dizer "não" e, com isso, aprendemos a impotência.

A conclusão, mais do que óbvia, a que precisamos chegar é que:

uma empreendedora, que tem que se desdobrar em vinte, criar, perseverar e vender muito bem, não tem tempo a perder.

Comecei a focar muito no que eu queria, de modo que beirava a obsessão, e via a Moving como a maior comunidade de empreendedorismo feminino do Brasil – o que, hoje, ela é! Isso me ajudou a exercer meu livre-arbítrio, traçando um caminho objetivo rumo à consolidação da marca e ao crescimento da comunidade. Fui excluindo tudo o que já não contribuía mais com essa jornada, que não fazia mais sentido para as etapas que eu gostaria de percorrer. E isso me permitiu crescer no mercado e me tornar referência.

Cada passo deve ser cronometrado, e não se engane: a sua intuição também é muito importante.

---

22 MCKEOWN, Greg. **Essencialismo: a disciplinada busca por menos**. Rio de Janeiro: Sextante, 2015.

Agora, você tem uma visão macro do seu negócio e consegue enxergar a expansão dele. Ser empresária é mover as peças do tabuleiro, é tomar decisões que diminuam o seu trabalho e aumentem os seus ganhos, é levar em consideração toda a parte burocrática, pensando em impostos, notas fiscais, planejamento e retorno de investimento.

O médio e o longo prazo agora devem ter outro peso, com metas pré-estabelecidas e monitoradas o tempo todo para remodelarmos os nossos planos de imediato quando necessário. Sempre atentas no curto, médio e longo prazo, sem descuidar do desempenho e dos fatores externos, das tendências, das mudanças, das inovações que podemos implementar, das matrizes que precisamos revisar.

Você está preparada para despertar a empresária que há em você?

CAPÍTULO 6

COMO DESPERTAR A EMPRESÁRIA QUE HÁ EM VOCÊ

> Mudança é uma parte absolutamente essencial nos negócios. É preciso, sim, mudar e de preferência antes de se tornar uma obrigação.
>
> — Jack Welck e Suzy Welch

De nada adianta eu ficar falando o que é uma empresária e o que é uma empreendedora se, de novo, não tentar transformar o seu dia a dia. Você pode, sim, se tornar a empresária que sempre quis e mudar o seu *mindset* para conquistar ainda mais do que já tem. É possível, sim, atingir níveis que você jamais imaginou no início do seu negócio e da sua carreira como empreendedora se despertar a empresária que há em você.

Por isso, este é o capítulo mais prático, mais mão na massa deste livro; e, com ele, eu quero elevar o seu nível. Quero que tudo o que você ler aqui se transforme em práticas valiosas e significativas para a mudança radical que acontecerá na sua vida profissional e pessoal, ao mesmo tempo. As ações que apresento aqui me fizeram entender que expandir a Moving e mudar o meu modo empreendedora me elevariam ao patamar da dominação mundial.

Prepare-se para alavancar o seu negócio e redefinir o seu jeito de agir, tornando-se a empresária que você sempre sonhou.

15 ações práticas para começar a trazer seu modo empresária à tona

1. Pensar na construção de um negócio sólido a longo prazo!

Geralmente, quando começamos a empreender, estamos 100% focadas no aqui e agora. Temos em nossa mente a ideia de fazer dinheiro e conseguir vender naquela semana, sem fazer muitas ações pensando no negócio a longo prazo. Estamos sempre colocando todos os nossos esforços no agora. É normal que essa energia empreendedora seja totalmente canalizada em gerar resultado no hoje, mas quando fazemos isso, estamos colocando energia, tempo, dinheiro e entrega em algo sem pensar no que está sendo construído.

E se você não sabe muito bem o que quer a longo prazo, começa a agir de forma insustentável. Um grande exemplo disso é a febre que se tornou "empreender no Instagram". Tenho até calafrios quando alguma de minhas alunas me pergunta como pode começar a empreender nessa plataforma, porque essa é uma ideia falsa.

Criar uma empresa exige muito mais do que criar uma conta em uma rede social. Você pode até começar um negócio no Instagram, assim como a Moving, mas se acha que empreender se resume a ter uma conta numa rede social, está completamente enganada.

Empreender considerando o futuro a longo prazo é já pensar no que sua empresa será, como ela estará na mente dos clientes, como ela se fará presente na vida de cada comprador e como ela pode se tornar cada vez mais a escolha primária dele. Pensar numa empresa sólida é pensar em todos os pontos de contato que o seu cliente tem com o seu negócio, e isso vai desde o universo da marca e o site, passando por suporte e atendimento, até a experiência do cliente quando ele tiver contato com seu produto ou serviço.

É por isso que muitas empreendedoras que começam seus negócios no Instagram desanimam quando não veem o crescimento desejado. Elas focam toda a energia somente no perfil, sem pensar em atrair outros clientes que não estejam na plataforma ou em ter formas de contato com os clientes já existentes quando o Instagram apresenta as já tão conhecidas instabilidades.

Por isso digo para não agir de forma imatura no seu negócio e realmente portar-se como se você tivesse uma EMPRESA, que exige uma estrutura bem pensada para ser duradoura. É o momento de pensar naquele trio que sempre aparece quando falamos de uma empresa: missão, visão e valores! É o momento de pensar em quais serão os pilares que sustentarão a cultura de sua empresa, qual será a identificação que você quer gerar com o público. Qual o valor agregado naquilo que a sua marca produz, o diferencial que fará com que o cliente queira comprar com você? E como você fará para fidelizar seus clientes?

Se a sua empresa estiver adentrando por setores ainda inexplorados, recomendo fortemente a leitura do livro *Estratégia do oceano azul*, de W. Chan Kim e Renée Mauborgne,[23] que fala justamente sobre como as empresas podem buscar os não clientes, em vez de focar nos concorrentes de um setor já saturado (que eles chamam de oceano vermelho). O seu foco deve estar em adentrar setores ainda inexplorados em busca de inovações, de agregar valor ao seu produto para que atraia consumidores que antes não teriam pensado em comprar algo desse setor.

E é por isso que eu ressalto a importância de explorar ambientes novos. Se você consome mais do mesmo, produzirá mais do mesmo. Quando eu focava toda a minha energia em verificar o que outras empreendedoras estavam fazendo a fim de criar meu negócio e me inserir no mercado, não conseguia ter ideias inovadoras e entender o que eu realmente queria fazer, o meu diferencial.

Um exemplo a ser destacado é o Cirque du Soleil. Há quanto tempo existem os circos? Essa tradição estava com suas estruturas saturadas e via seus princípios serem questionados por defensores dos direitos dos animais, por exemplo. A maioria dos circos é itinerante, com poucos investimentos e seguindo uma ordem pré-determinada de espetáculos.

Então, quando surgiu um circo que tinha como foco a dança e o teatro, trazendo uma releitura da arte circense e dando destaque às pessoas, e não aos animais, o sucesso foi instantâneo e trouxe nova vida para um ramo já decadente e inexpressivo, atraindo novamente a atenção do público.

Isso é pensar como empresa! Ter uma visão além do produto ou serviço, buscando viabilizar estratégias conectadas – afinal estamos na era digital, nem pensar em estar "desconectada"! –, capazes de fazer crescer o negócio e possibilitar a expansão.

Entrando nesse tema das estratégias conectadas, é preciso pensar não só na parte criativa de interatividade que você pode proporcionar, mas também em alavancar a fronteira da eficiên-

---

23 KIM, W. Chan; MAUBORGNE, Renée. **Estratégia do oceano azul: como criar novos mercados e tornar a concorrência irrelevante**. Rio de Janeiro: Sextante, 2018.

cia, gerando mais satisfação e, consequentemente, maior disposição do cliente para pagar, investindo um custo menor.

Para além de todas as técnicas necessárias para o seu negócio, também é importante pensar nos regulamentos e problemas a evitar, mantendo extremo cuidado com os dados dos clientes, seguindo a Lei de Proteção Geral de Dados.

As burocracias são chatas, mas são obrigatórias. Você não tem como fugir delas se o seu objetivo é crescer. Então, procure entender o máximo possível a respeito e delegar quando achar necessário. Não é justo que você batalhe tanto só para, depois, ver o seu negócio ir ladeira abaixo porque não teve "paciência" para lidar com burocracias.

Faça-me o favor!

2 Desenvolver sua mentalidade de expansão e abundância

A mentalidade talvez seja a maior responsável por sua transação de empreendedora para empresária, pois é ela que fará você realmente enxergar o seu negócio como uma potência com possibilidade de crescimento!

Se a sua mentalidade não estiver aquecida e preparada para receber resultados grandiosos, você simplesmente estaciona e passa a duvidar de si, acreditando que não é capaz e não é merecedora do que está por vir. Assim, você perde antes mesmo de tentar.

Os riscos são essenciais para uma empresa crescer e expandir, mas só acontecem se sua mentalidade está preparada para isso. Cheguei à conclusão de que não adianta você ter acesso a todos os *hacks*, estratégias, direcionamentos e técnicas, se sua mentalidade não estiver preparada para aplicar tudo aquilo que você aprender.

A mentalidade de expansão fará com que você acredite que as estratégias darão certo e eliminará a autossabotagem, ou ao menos contribuirá para diminuí-la. Ela te fará agir mais. Caso contrário, você passará muito tempo pensando e se comparando com outras empreendedoras, perguntando-se por que as coisas dão certo para outras e não para você. Você precisa alinhar sua mente com os seus objetivos para que ela se torne forte, blindada e alinhada.

Eu sei que isso parece papo furado de autoajuda, mas não é. Tampouco se trata de superstição. É um estado mental desencadeado pela liberação de hormônios e neurotransmissores. É uma resposta biológica que seu corpo dá.

Pense comigo: se você está num quarto escuro e sente que o medo começa a te dominar, a resposta biológica do seu corpo provavelmente será suar frio, tremer e liberar hormônios que façam cada centímetro do seu corpo ficar em alerta. O seu cérebro apresentará diversas soluções, como imaginar o que poderá aparecer, projetar cenários terríveis e, quem sabe, até chorar uma lágrima ou duas.

Entretanto, se você respirar fundo e tentar se tranquilizar, sua pulsação ficará normal, bem como sua respiração. Seu cérebro passará a pensar nas possibilidades que você tem, como tatear em volta para ver o que te cerca, procurar por um interruptor ou usar a lanterna do celular para enxergar mais à frente.

Nosso corpo responde aos estímulos que enviamos. Não é à toa que quem tem medo de falar em público fica pálido e com a boca seca segundos antes de subir no palco. Trata-se de uma questão de lógica: nosso corpo vai expressar o que estamos sentindo como consequência de nossos pensamentos, que funcionam como alertas, ajudando a definir como devem ser nossos próximos passos.

Se você não tem convicção no seu próprio negócio e assume uma postura derrotista, qual imagem você acha que está passando para as outras pessoas? Se você não tem convicção a ponto de domar esse estado mental e retomar o controle, quem terá confiança no que você está falando?

A mentalidade também te faz entender que esforços são necessários e que nada é cansativo demais ou sacrifício demais quando se tem consciência do que se está fazendo e do que tem que ser feito. Esse é o segredo da mentalidade fortalecida: estar consciente, estar presente.

Quando você está realmente presente, convicta e consciente do que pretende realizar, não há dúvidas nem receio de se expor. Você domina o assunto, controla a situação e está condicionada a enxergar tudo com clareza, tirando do caminho os ruídos que podem te fazer desistir ou temer.

Muita gente menospreza a mentalidade como se fosse coisa de "guru", como se você simplesmente fechasse os olhos e mentalizasse e, em seguida, ao abrir os olhos, o objeto de seu desejo apareceria na sua frente. Não é assim que funciona, essa não é a lâmpada mágica do gênio. A mentalidade nos fortalece na luta diária, na obstinação para construir nossa história e nos mantermos firmes quando ruídos aparecem.

3 Investir na empresa

Em todo esse tempo lidando com empreendedoras, pude perceber que há uma atitude em comum: a maioria delas sempre quer economizar nos investimentos na empresa. Procuram por soluções gratuitas, ainda que não sejam as mais adequadas. Não me entenda mal, não há problema algum em querer economizar na sua empresa e em ter controle dos seus gastos. O problema está em achar que todo investimento é um gasto desnecessário quando, na verdade, não é.

Essa é uma mentalidade de escassez que pode acabar com a sua empresa. Ela faz com que você acredite que todo dinheiro gerado pela empresa deve ir diretamente para o seu bolso e que toda ação que resulte em economia é válida. E, em razão disso, por exemplo, você passa muito tempo sem delegar tarefas ou contratar funcionários quando necessário a fim de economizar.

Imaginemos, por exemplo, uma empreendedora que tenha um negócio que produz lacinhos de cabelo. Ela produz certa quantidade de lacinhos por dia e vê o número de encomendas aumentar cada vez mais. Em vez de contratar alguém para ajudá-la na produção, dobra a própria carga horária a fim de atender a demanda, ficando mais cansada e, consequentemente, caindo com que a qualidade do produto. Parece uma boa ideia?

Se ela tivesse uma funcionária dedicada à produção, poderia investir em marketing para levar a empresa cada vez mais longe e trazer um número maior de clientes, expandindo ainda mais os negócios. É o famoso barato que sai caro: você economiza um pouco aqui, mas perde muito lá na frente.

Investir na sua empresa é uma forma de evolução e de expansão. Você precisa arriscar para ter mais resultados. Caso contrário, atingirá um limite de produção, seja de produtos físicos, ou virtuais, e sua empresa começará, a longo prazo, a se desmanchar e se manter na média.

Mulheres que dominam o mundo não se mantêm na média, elas se sobressaem.

Sempre que digo essas coisas, dou de cara com o típico discurso de que a mentalidade de escassez não existe e que a realidade da empreendedora é sofrida. Olha aí o que quero dizer: isso é usar seu precioso tempo reclamando, pensando o quanto é difícil, o quanto o mundo é injusto, mentalizando apenas que você não atingirá seus objetivos. Em vez de mentalizar com clareza aquilo que deseja para que seu cérebro não se contente mais em parar nos obstáculos e te coloque em movimento, você mesma se coloca para baixo. Errar é um aprendizado e é a forma mais fácil de entender claramente o que você quer. Gaste o seu tempo investindo no futuro que você visualiza aí, na sua cabeça, e tome iniciativa para que ele aconteça. Posicione-se e movimente-se na direção do que você quer conquistar.

Ao investir seu tempo no seu negócio, você está dedicando sua energia nisso. Ao investir seu tempo em ferramentas, em mentores e em conhecimento, você está buscando formas de expandir o que tem agora e alcançar aquilo que almeja.

Lembra quando mencionei que buscava livros, cursos e vídeos sobre os assuntos que me interessavam? Há muito material disponível de forma gratuita na internet para você aprender, investir e entender de quais ferramentas dispõe para alavancar os seus negócios. E caso você encontre um material que seja pago e que acredite valer o investimento, não tenha medo de gastar.

Todo esse dinheiro investido em conhecimento retornará para você em forma de lucro na sua empresa.

> Um dos divisores entre empreendedoras e empresárias é entender que tudo o que você faz contribui para a marca que você quer ter, e não para a marca que você tem agora.

Logo, as ações, as atitudes e os investimentos aplicados precisam contribuir para isso. Invista sempre em melhorar e em lapidar processos que você tem hoje, para construir uma empresa cada vez maior e melhor.

A escassez será usada apenas como ferramenta, como um gatilho mental para que suas vendas cresçam. Apenas isso. A mentalidade deve ser sempre focada na abundância!

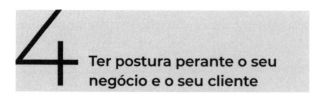

4. Ter postura perante o seu negócio e o seu cliente

A postura é uma das coisas que mais nos ajudam a ativar a empresária que existe em nós.

Lembro que, quando era empreendedora, sempre fazia o que os cliente queriam, sem regras. Diminuía totalmente meu preço e a percepção do meu valor perante a eles. Afinal de contas, era aquilo que me fornecia a renda que eu necessitava para pagar as minhas contas e viver. Tinha em mente que, se eu não aceitasse as condições estabelecidas, eles simplesmente virariam as costas e procurariam outra pessoa que atendesse às demandas. Era como se estivessem, basicamente, fazendo um favor ao me contratar.

Isso acontecia justamente porque não existiam "regras"; eu queria fechar uma venda a todo custo, mesmo que esse custo fosse meu trabalho, meu tempo e minha energia. E não é bem assim. Toda empresa tem regras, cultura, contas a serem pagas, colaboradores, parceiros e seus valores inegociáveis.

Você precisa nutrir essa postura perante os seus clientes e perante a sua própria empresa, porque quando você deixa de investir e de cuidar da sua empresa, a sua postura em relação a ela também está sendo de empreendedora. Ter uma postura de empresária é justamente agir, pensar e falar como você quer ser vista, como você quer que o cliente e o mercado te enxerguem.

Isso é uma construção, e todos os dias vamos refinando nossa postura, lapidando e melhorando cada ponto: como falamos, como nos comportamos, quais atitudes e ações tomamos perante situações, problemas, relacionamentos profissionais e erros que podem acontecer no nosso caminho.

Essa postura precisa ser trabalhada todos os dias para que você seja a sua melhor versão de mulher de negócios possível, cercando-se de pessoas que admira e que te levantam por meio das posturas que apresentam ao mundo; porque, sim, ter por perto pessoas com atitudes e ações que te inspiram é uma excelente forma de progredir.

A postura da empresária tem que ser de líder, de inspiração para seus colaboradores! É interessante ter em mente que, para que sua empresa tenha um futuro saudável e para que seus colaboradores cresçam constantemente, sua liderança deve ser multiplicadora.

Você deve ter mentalidade de crescimento e aprimorá-la a cada novo desafio, sem cultivar a mentalidade fixa na qual se acredita que a inteligência é escassa e não pode ser desenvolvida.

Segundo o livro *Multiplicadores*, de Liz Wiseman e Greg McKeown,[24] há dois tipos de lideranças em uma organização: a multiplicadora, que inspira seus colaboradores e contagia a todos na empresa, conseguindo mais engajamento e, consequentemente, um desempenho muito maior com pouca rotatividade; e a liderança diminuidora, cujo líder tem todo o poder de decisão, não compartilha os problemas porque julga a equipe incapaz de resolver as questões importantes e, consequentemente, não gera o engajamento dos funcionários, tendo pior desempenho e grande rotatividade.

Olha só como a mentalidade pode impactar o seu negócio de forma positiva ou negativa. E se é assim, por que não tirar proveito disso? Por que não entender a respeito e direcionar o empenho e o esforço para que a empresa que você está construindo tenha uma cultura multiplicadora e de abundância?

Precisamos ficar imersas nos ambientes que nos levam a ser a melhor versão de nós mesmas. E, do mesmo modo, devemos estar atentas para que a cultura da empresa que está sendo construída ofereça um ambiente em que todos se sintam à vontade para contribuir, para buscar seu talento e resolver problemas como um time!

5 Focar sua atenção no que só você pode fazer

Sim, chega uma hora em que você precisa largar o osso. Conforme o seu negócio cresce, você percebe que não pode estar presente em todos os lugares ao mesmo tempo e que tentar controlar cada instância da sua empresa fará com que ela demore mais a crescer. E, nesse momento, você entende que uma das formas mais promissoras que existem de crescimento de uma empresa é delegar tarefas.

---

[24] WISEMAN, Liz; MCKEOWN, Greg. **Multiplicadores: como os bons líderes valorizam você**. Rio de Janeiro: Rocco, 2012.

Certa vez, ouvi uma frase que dizia:

"Contrate para crescer e não espere crescer para começar a contratar".

Confesso que eu não pensava assim quando era somente empreendedora, porque, afinal, a gente não tem dinheiro nem para pagar o nosso pró-labore (o salário do dono da empresa), que dirá, então, ter a possibilidade de delegar e pagar parceiros e colaboradores. Mas quando eu realmente comecei a expandir com tantos outros movimentos que fazia na minha empresa, tornou-se insustentável que eu continuasse fazendo cada uma das etapas sozinha.

A minha tentativa de controle fez com que a produção começasse a perder a qualidade. Imagina ter que gravar e editar aulas, responder a e-mails, responder a mensagens das alunas, emitir notas fiscais, calcular a projeção financeira, pesquisar equipamentos, fazer estratégias de lançamento e criar conteúdo para alimentar o Instagram. Tudo sozinha.

A minha carga de demandas estava cada vez maior, e mesmo acreditando que o motivo pelo qual eu não delegava era porque acreditava que ninguém seria capaz de atingir o nível de qualidade que eu exigia (a gente ama se enganar, né? hahahaha), em determinado momento precisei admitir que era justamente a qualidade que estava sendo afetada pelo meu monopólio de produção. Eu não conseguia concluir uma única tarefa devido ao fato de tantas coisas estarem sendo executadas simultaneamente.

Não foi nada fácil delegar a primeira tarefa da minha empresa. Demorei para largar o osso e aceitar que eu precisava deixar a profissional que contratei trabalhar. Era para isso que ela estava lá, e não conseguiria fazer nada se eu não a deixasse em paz.

Mas foi nesse processo que descobri que existem milhares de coisas que podemos delegar e, assim, sobra mais tempo para dedicarmos a nossa atenção às coisas pontuais que somente nós, CEOs de nossas empresas, podemos fazer.

Temos que deixar a nossa safada centralizadora de lado e focar nas coisas que só a gente pode fazer, como a parte criativa e estratégica e o tempero da nossa marca, que está tão relacionado à nossa personalidade.

Você tem em mãos um grande exemplo do que estou falando, miga: ninguém poderia escrever este livro por mim. Ele tem a minha essência, o meu jeito. Foi construído de acordo com a forma como vejo a minha história e as minhas experiências de vida. Esses acontecimentos estão todos em minha memória e, por mais que eu os contasse para outra pessoa, não seria a mesma coisa.

Mas, para poder me dedicar à escrita e cumprir os prazos da editora, eu não poderia me fazer tão presente na minha empresa. É claro que ainda desempenharia as minhas funções principais, mas meu foco estaria dividido. Se eu fosse uma empresa de uma pessoa só, isso significaria, talvez, fechar as portas por certo tempo ou fazer as coisas pela metade.

Entretanto, sou uma empresária foda que já aprendeu o poder de delegar. Minha empresa continuou funcionando e o meu time cuidou de todos os detalhes operacionais, permitindo, assim, que eu me dedicasse à tarefa de escrever para você, explorando totalmente a minha parte criativa.

Se você não faz ideia de como escolher as funções que podem ser delegadas na sua empresa, aqui vai uma dica: grande parte das ações operacionais podem ser delegadas.

A parte financeira, por exemplo, pode ser muito mais bem cuidada na mão de profissionais da área, que sabem entender todos os números e fazer as projeções. Os e-mails e o atendimento por WhatsApp que precisam ser respondidos também podem ser tarefas repassadas para outras pessoas, assim como as embalagens que precisam ser feitas. Você pode delegar e focar em melhorar e lapidar essas coisas com sua criatividade.

E é bom esclarecer que não estou falando em delegar apenas quando você tiver uma empresa grande. Permita-se abrir espaço para coisas que importam ao aprender a delegar desde cedo, como defende Timothy Ferriss em *Trabalhe quatro horas por semana*.[25] Ao automatizar tarefas que não necessariamente precisam dele, o autor tem mais folga para poder tirar as miniférias de que gosta e, por exemplo, passar seis meses morando em outro país.

Há muitas maneiras de otimizar processos e conseguir de fato aproveitar todos os benefícios de ser uma empresária! Mas, para aproveitar cada um desses bons momentos, é preciso, sim, delegar. Acredite: tem muita gente competente, muito *software*, muitos portais em nuvens que podem fazer inúmeras coisas por você e sua empresa.

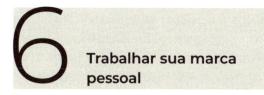

6 Trabalhar sua marca pessoal

Meu foco como empreendedora sempre foi construir um universo de marca para minha empresa, uma cultura de marca que estivesse alinhada a uma estratégia, um *branding*, com logo e identidade visual características e uma estrutura foda, como sempre sonhei. Jamais foquei em marca pessoal, nem sabia a importância disso.

Lembro que, no primeiro ano de Moving, uma das minhas amigas mais próximas e especialista no assunto, Thalassa Coutinho, insistiu veementemente para que eu trabalhasse minha marca pessoal e desse atenção ao nome Camila Vidal. Eu estava 100% focada em construir apenas a Moving Girls.

Confesso que, no início, não fazia sentido para mim. Estamos entre migas, então posso dizer que eu estava mais preocupada em construir a minha empresa e fazer dela a maior do Brasil na área. Queria que o nome Moving Girls fosse longe, fosse conhecido. Por que seria importante que as pessoas soubessem quem era Camila Vidal? Se a minha intenção era que todas as mulheres se sentissem uma Moving Girl, parecia besteira associar a marca a mim.

---

25 FERRISS, Timothy. **Trabalhe quatro horas por semana**. São Paulo: Planeta Estratégia, 2017.

Foi com o tempo que as palavras de Thalassa passaram a fazer sentido e eu entendi que desenvolver a minha marca pessoal na internet potencializaria a minha empresa e as minhas vendas. E, então, investi com força nisso.

Não que as minhas vendas não fossem boas, porque elas eram. Mas quando eu ancorava meu conhecimento à minha marca pessoal, o desejo de compra aumentava ainda mais. Isso porque as marcas se retroalimentam e, sim, Camila Vidal também é uma marca. Quando as pessoas viam a Moving dando certo, elas logo queriam saber quem era a criadora da marca, quem era a mulher, a empresária, a estrategista por trás da criação daquela empresa.

Assim como falar e aplicar suas expertises são sua marca pessoal, você tem uma empresa para validar suas estratégias, dessa forma potencializando a nível máximo sua autoridade.

As pessoas são curiosas, miga. Trazer a sua marca pessoal é humanizar a sua empresa. É claro que o perfil da Moving sempre teve um conteúdo de excelência que ajudava uma grande quantidade de empreendedoras e fazia com que elas se sentissem acolhidas. Mas imagina se elas nunca chegassem a saber nem ao menos o meu nome. Provavelmente, sentiriam como se estivessem falando com um robô sábio que as ajudava em seus problemas.

Quando percebem que por trás daquele perfil está uma mulher que já passou muito perrengue, que sofre, que chora, que se diverte, que assiste a séries e ama memes, a identificação é muito maior.

É o famoso "gente como a gente".

7
Focar em estratégias de vendas

Lembra que eu mencionei que percebi que as empreendedoras, de forma geral, têm foco no agora? Vender agora. Trabalhar ao máximo agora. Pagar as contas de agora. Viver o mês de agora. Eu entendo que temos que viver assim quando o dinheiro é curto. Eu fui assim durante muito tempo, miga.

A minha agência de social media pagava as minhas contas do mês, mas se, por acaso, todos os meus clientes sumissem de um dia para o outro, no mês seguinte eu provavelmente não teria como pagar meu aluguel. Eu pegava uma grande quantidade de trabalho no mês, mas no final dele, não sobrava dinheiro algum.

Muito disso ocorria devido à minha falta de organização financeira. Mas também pelo fato de eu não focar em estratégias de vendas inteligentes, sustentáveis, que fizessem minha empresa vender mais e melhor. Eu poderia, inclusive, vender mais vezes para a mesma pessoa, criar uma esteira de produtos. Ter estratégias de vendas me fez pensar nas metas que eu tinha que bater todo mês, toda semana, todos os dias, para poder alcançar o faturamento anual da minha empresa.

Ao nutrir minha mentalidade de empreendedora, eu só queria saber o quanto receberia naquele mês. Não pensava nos meses seguintes. Meu jogo só mudou quando foquei o faturamento anual, canalizando toda minha estratégia e meus esforços para desenvolver funis de vendas e campanhas que me trouxessem dinheiro todo mês.

Dessa forma, eu ordenava todos os outros setores com os meus planos de vendas. Conteúdos, equipe, posicionamento, parcerias. Tudo estava alinhado com as estratégias que estabeleci para vender mais.

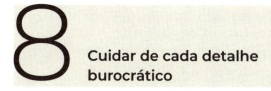

8 Cuidar de cada detalhe burocrático

Lembra que eu falei que não tem como fugir da burocracia, miga? Se você quer profissionalizar o seu trabalho, terá que abrir uma empresa. E então, entram os impostos relacionados a isso.

Empresárias que cuidam da própria empresa e de todos os detalhes dela sabem que é necessário abrir um CNPJ, registrar sua marca, desenvolver sua identidade visual, investir em um bom contador, estar em dia com seus impostos, emitir notas fiscais e, claro, seguir a lei.

É só pesquisar rapidinho na internet que você vai ver a quantidade de pessoas que acabam tendo problemas com a Receita Federal porque não estavam com os impostos em dia. Isso é coisa muito séria. Ter um contador que cuide do financeiro da sua empresa é ideal para que você não tenha problemas nem tenha que desembolsar uma quantia muito maior depois.

Por exemplo: quem abre uma empresa como microempreendedor individual, o MEI, deve pagar um valor mensal de cerca de R$ 60,00, ainda que não tenha emitido uma única nota naquele mês. Há um grande número de pessoas que ignora esse valor, pensando em pagar mais para a frente, quando começar a receber mais dinheiro. Esse diminuto valor se torna, então, uma grande dívida, que pode impedir aquela pessoa de fazer a empresa crescer. E, para resolver esse problema, será preciso pagar a taxa e multa com juros. Não teria sido mais fácil acertar desde o começo e garantir que a situação financeira da empresa esteja toda em dia?

Assumir os impostos e as burocracias te torna uma empresária íntegra e correta, uma mulher de negócios que realmente quer expandir, preparando o solo para sua empresa estar sempre à frente.

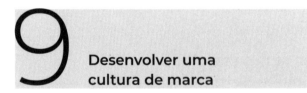

9. Desenvolver uma cultura de marca

Por mais que a sua empresa seja pequena, cultura é uma das coisas mais importantes para o seu negócio e para você como empresária. Se tem uma coisa que vai direcionar todas as suas ações, é a cultura de marca.

Você precisa cultivar a cultura de marca se quer ter um time alinhado e fazer com que as pessoas entendam a sua mensagem. Ela é um norte na sua empresa, e você deposita um pouco dela em tudo que você faz. A cultura do nosso negócio é guiada pelos nossos valores, um direcionador interno e externo de ações e posicionamento que influencia totalmente como as pessoas nos enxergam.

Ações valem mais do que palavras. Você não pode somente falar: é necessário executar. A cultura é um direcionador de ações, um filtro para suas decisões. Ela se faz presente em cada pequeno detalhe, independente do tamanho da sua empresa.

A cultura fará você cultivar uma postura de empresária perante sua equipe, seus clientes e seu negócio.

10 Cuidar da sua imagem pessoal

"Minha aparência não define meu trabalho." Essa era a minha narrativa e, por muito tempo, acreditei que de fato, como empreendedora, o que importava era o produto que eu vendia. Não fazia a mínima questão de investir na minha imagem pessoal.

E, de fato, continuo defendendo que a nossa competência não é modificada pela nossa aparência. Mas, infelizmente, o modo como as pessoas nos enxergam, sim. A nossa aparência nada mais é que a imagem que queremos passar para os nossos clientes, que é potencializada pela nossa postura.

Isso não significa que você só pode ser uma empresária de sucesso se usar terninho de alfaiataria e salto alto, se possuir produtos de última geração da Apple e se tiver o vocabulário e etiqueta de um membro da realeza. Essa ideia você já pode tirar desde já da sua cabeça.

Talvez você não queira ser vista como uma empresária, uma mulher de negócios bem-sucedida, e não há problema nisso.

Mas se você vende um produto ou serviço para um público que será influenciado por sua imagem, puxe a responsabilidade para si e assuma isso como uma das suas estratégias.

Não é para você se colocar no papel de refém de uma imagem mais trabalhada; na verdade, é para usar a sua aparência como estratégia de crescimento de vendas, é para se posicionar no mercado como você deseja ser reconhecida e lembrada.

É foda que a gente tenha que investir em imagem, roupas, acessórios e maquiagem para "provar" que nosso trabalho realmente merece ser pago à altura? Sim, porém é como o mundo funciona, é a forma como as pessoas criam percepções sobre você na cabeça delas. Essa cultura já está implantada na consciência do seu cliente.

11 Nutrir uma boa rede de networking

Nunca subestime o poder do networking. Pessoas se conectam com pessoas, pessoas vendem para pessoas, e pessoas compram de pessoas.

Estar entre aqueles que você admira, que te impulsionam e compartilham da mesma *vibe* que a sua é um potencializador de vida! Não é só sobre estar entre pessoas populares, mas sim entre pessoas influentes, profissionais que possuem a mesma meta que a sua.

Já percebeu como ficar perto de pessoas desanimadas e que sempre reclamam de tudo parece drenar a nossa energia? Você com certeza tem uma amiga que sempre culpa o mundo inteiro quando as coisas dão errado, menos ela mesma. Essas reclamações acabam nos deixando para baixo, diminuindo a vibração positiva e fazendo com que o nosso foco de atenção seja deslocado do nosso objetivo.

Lembra que eu falei que se você passa bastante tempo se dedicando ao seu objetivo e à sua empresa não sobra tempo para reclamações? Fica fácil concluir, então, que quem muito reclama, pouco faz.

Esse é o tipo de pessoa que sempre terá uma opinião negativa e fará você duvidar até das suas certezas. Repare: você pode falar a frase mais positiva do mundo para essa pessoa, mas ela encontrará uma forma de deixar aquilo negativo. A dúvida paira sobre você se alguém assim está ao seu lado, simplesmente porque essa pessoa não compartilha a mesma visão de mundo que você.

Ter uma rede de pessoas com quem você possa contar, que possa te indicar e apresentar mais pessoas que compartilhem as mesmas vibrações é uma experiência transcendente. Compartilhar histórias com pessoas que entendem e que passaram pelos mesmos momentos é engrandecedor, simplesmente por poder compartilhar com alguém que passa pela mesma coisa que você e, apesar de tudo, te impulsionará, dando ideias valiosas e indicando caminhos para serem seguidos.

Começando assim, cada vez mais você estará perto de pessoas incríveis.

12 Ter mentores

Um investimento que pode mudar o seu jogo totalmente é ter mentores. Eles nada mais são do que profissionais que já passaram pelo que você está passando e têm uma visão mais apurada das possibilidades, oportunidades e eventuais erros que podem surgir.

Ter um mentor vai diminuir significativamente sua curva de aprendizado, evitar que você erre ao aprender com a experiência do outro, permitir que você tenha outra visão de mundo que faça com que suas ideias sejam validadas ou repensadas. Você poderá aprender o caminho percorrido por alguém, que ainda te ajudará com planos de execução, saídas e novas possibilidades.

Você precisa ver outras possibilidades para ter resultados novos, e o mentor é a pessoa que vai acelerar bruscamente seu negócio. Consegue pensar em alguém que faria esse papel na sua vida?

13. Ter um repertório rico

Talvez uma das coisas mais valiosas que você precisa ter para expandir completamente é um repertório abundante de informações e de conhecimento. É fundamental que você fure a bolha de consumo de conteúdo que tem hoje e comece a explorar novos horizontes, novas fontes de informação e novas perspectivas.

Com o uso excessivo das redes sociais, principalmente o Instagram, tem aumentado o número de pessoas que se informam exclusivamente por esses meios, sem buscar outras fontes pela internet.

Blogs, artigos, vídeos, sites, livros, filmes... Fontes de conhecimento não faltam se você tiver a sensibilidade de captar aquilo que poderá contribuir para o seu arsenal de ideias. Seja interessada por todas as coisas, busque entender os assuntos a fundo e abuse da internet para se manter informada. Uma empresária precisa saber conversar sobre vários assuntos, e não só isso, criar ideias e soluções incríveis! E isso exige um repertório vasto.

14. Trabalhar com metas

Essa é uma forma de alcançar o próximo nível, seja em sua empresa, seja na sua vida pessoal. As metas nos direcionam e nos fazem agir em busca do que realmente importa. Alguém que não sabe onde quer chegar, rapidamente se cansa da jornada e não consegue distinguir os esforços que já fez daqueles que ainda são necessários para alcançar os objetivos.

Quando você colocar metas, vai desenvolver um olhar mais direcionado para entender como bater cada uma delas de forma criativa. A sua única escolha será bater essas metas.

É importante que você saiba onde quer chegar, qual caminho seguir para isso, e quais os esforços necessários para trilhar esse caminho.

15. Pensar como fazer mais dinheiro com o menor esforço possível

Não, esse não é um convite para trabalhar menos, mas para trabalhar de forma inteligente, automatizando processos e soluções para que sua empresa passe de fato a trabalhar para você. Isso vai desde criar processos internos, que abranjam a sua equipe e as situações externas, até escalar as soluções que você vende.

O pensamento focado em mecanizar processos e escalar soluções deve ser voltado para a ideia de produzir mais dinheiro da forma mais automatizada possível. E só conseguimos desenvolver isso quando temos a estrutura básica da nossa empresa montada.

Não adianta querer vender para mil pessoas se você não consegue cuidar da experiência, do atendimento, do suporte e da pós-venda de trinta clientes, por exemplo. Por isso, focar na estrutura do seu negócio é o primeiro passo para construir uma empresa valiosa, grande e que funciona.

Vamos ver, então, como estruturar o seu negócio para ele ter um solo fértil onde construir o seu império?

CAPÍTULO 7

COMO ESTRUTURAR O SEU NEGÓCIO?

A melhor maneira de começar alguma coisa é parar de falar e dar o primeiro passo.

— WALT DISNEY

Pela primeira vez, você não vai ouvir que para estruturar o seu negócio precisa de um plano de negócios extenso, lotado de informações, gráficos, números e previsões. Isso porque a coisa funciona de forma diferente na prática. Para quem de fato vai começar a empreender e colocar a cara a tapa, é necessário criar uma estrutura que traga resultados rápidos, que consiga ser lapidada e melhorada conforme o negócio vai amadurecendo e se desenvolvendo.

Não adianta querer elaborar um plano gigantesco antes de começar alguma coisa, e eu vou explicar o porquê. Primeiro porque esse plano não será baseado na prática de um negócio, ou seja, não será criado levando em consideração as necessidades reais de uma empresa que já funciona. E, em segundo lugar, porque estamos em um cenário de mudanças constantes, novas maneiras de gestão, aplicativos, estratégias conectadas, regulamentações e normas a serem seguidas.

É claro que, como já falei, é importante ter um propósito, e essa é a característica mais marcante de uma empresa de sucesso. Mas se você chegou até aqui, já sabe que o propósito vem com a ação, e não o contrário.

Mauricio Benvenutti deixa clara a ideia de que você constrói um time, e esse time irá construir a empresa: "Não contrate pessoas para falar o que elas devem fazer. Contrate pessoas para que elas falem o que você deve fazer. Cultura de irmãos e irmãs, por meio de crenças comuns, valores e propósitos comuns, e a partir daí, cultivar os mesmos ideais que nos movem".[26]

Um caminho mais rápido e eficiente é, sem dúvida, considerar as características de empresas de sucesso e focar a construção da cultura da sua empresa com base na cultura delas, e, assim, preocupando-se de dentro para fora. Foque no engajamento dos colaboradores, corrigindo de imediato o que encontrar de errado à sua volta e investindo em perpetuar o que está dando certo e em identificar a atratividade do produto ou serviço que oferece.

---

26 BENVENUTTI, Mauricio. **Audaz: as 5 competências para construir carreiras e negócios inabaláveis nos dias de hoje.** São Paulo: Gente, 2018.

Se você acha que o negócio só dará certo se você passar meses elaborando um plano de negócio, pode afastar essa ideia. Quando esse plano irreal finalmente estiver pronto, ele com certeza estará desatualizado. Quando ele finalmente for implementado, pode ter certeza de que será engolido na terceira semana de operações.

> A grande verdade é que nenhum negócio nasce forte: o tempo e as suas ações farão com que ele se torne grandioso!

Quando eu comecei a empreender, realmente achava que o meu primeiro passo seria estruturar o meu plano de negócios. Eu baixava modelos na internet e passava semanas estruturando cada detalhe: definia o meu operacional, fazia projeções e análises de mercado, definia minha missão, minha visão e meus valores, esboçava o plano financeiro e me regozijava com o sucesso da minha empresa. O problema é que ela só existia ali naquele papel e na minha imaginação fértil. Eu não fazia ideia se aqueles planos funcionariam na prática.

Todas essas coisas são impossíveis de ser previstas se você não se coloca em movimento, a menos que tenha um investidor que invista na elaboração e implementação desse plano. Não é o meu caso, é o seu?

Além disso, essas definições são extremamente inadequadas para um negócio da atualidade, que honra o poder do ambiente digital e usa as ferramentas que a internet nos oferece para marcar presença, potencializar as estratégias, e expandir.

Você sabe como as coisas mudam rapidamente no mundo virtual. Apesar de acharmos que essa é uma tendência atual, ela ocorre há algum tempo. Mas eu não sabia disso em 2013, quando comecei a dar meus primeiros passos como empreendedora. Era tudo muito novo e existiam poucas referências do empreendedorismo na internet. Infelizmente, não havia um perfil como a Moving Girls para me orientar. Tive que aprender com meus erros.

Concordo plenamente com Linda Rottenberg quando ela diz que

> dominar a arte de empreender não se resume a iniciar um negócio, mas envolve o hábil aproveitamento de oportunidades, a superação das dúvidas, a gestão dos riscos, a administração do caos, o estabelecimento de relações com os colaboradores, a percepção dos erros e dos acertos, a conciliação do trabalho com a família e a preservação do sonho, para que a geração seguinte também possa sonhar sem limitações.[27]

Eu me orgulho de a Moving Girls ter sido um dos primeiros (se não o primeiro) perfis a ter essa linha informativa dentro do Instagram no nicho de empreendedorismo feminino, desde 2018. Mas quando comecei, as minhas referências eram livros e instituições que falavam sobre empreendedorismo de uma forma supertradicional – e institucional demais: "Faça um plano de negócios, estude seus concorrentes, tenha um plano de investimentos, defina sua missão, visão e valores".

Nossas prioridades mudam. Fazer dinheiro se torna mais importante do que definir a visão do nosso negócio em um mês, um ano, cinco anos ou dez anos. E, veja bem, não estou dizendo que isso não seja importante, mas quero que você entenda que existem prioridades na hora de estruturar o seu negócio, e essas ações levarão você para as próximas prioridades da sua empresa. E, mais que isso, suas experiências diárias moldarão o seu negócio e mostrarão qual caminho seguir.

Eu só descobri isso após fazer diversos planos de negócios para inúmeras empresas diferentes que, obviamente, não funcionaram na prática. São os movimentos diários que nos mostram o que devemos potencializar, investir e definir.

E depois de tantas experiências e planos de negócios falidos, entendi completamente a estrutura essencial para que qualquer negócio possa começar a dar os primeiros passos já obtendo resultados. Uma estrutura perfeita para quem tem um negócio no ambiente digital e faz dele um potencializador!

---

[27] ROTTENBERG, Linda. **De empreendedor e louco todo mundo tem um pouco**. São Paulo: Editora HSM, 2018

Temos uma ferramenta poderosa nas mãos chamada internet.

Ela conecta pessoas, alavanca marcas e é uma verdadeira máquina de construir negócios. E é por isso que as nossas empresas precisam de estruturas que incluam a internet na nossa estratégia.

Por isso, após construir uma marca nascida na internet e que hoje gera muitos resultados, desenvolvi uma estrutura perfeita que leva todos esses fatores mencionados em consideração para que você possa elaborar os pontos principais e essenciais do seu negócio.

A estrutura

É importante entender que somente estando em movimento as prioridades vão se apresentar, mas é essencial reconhecer a importância de ter objetivos claros e estratégias definidas para começar ou guiar seu negócio.

Por isso, vou apresentar para você a estrutura que seu negócio deve ter para gerar resultado e te fazer chegar mais rápido onde você quer usando a internet como ferramenta, cuidando do essencial e semeando uma cultura preventiva no seu negócio, mesmo que ela esteja começando ou já exista.

O que você vai vender?

Para começar qualquer negócio, é essencial decidir o que você vai fazer e qual produto ou serviço vai vender. Se você quer empreender mas ainda não sabe o que quer fazer, comece desse ponto. Esse é o passo inicial para construir a história da sua empresa de sucesso. Parece fácil, mas, acredite, esse item merece uma análise muito mais profunda.

O seu primeiro erro pode acontecer logo nessa primeira etapa, quando você decide ignorar tudo o que gosta e sabe fazer e escolhe algo que está gerando dinheiro para outras pessoas. Eu fiz isso, lembra? Essa é uma postura muito comum, que aparece sempre aliada à ideia de repetir fórmulas de sucesso de outras pessoas. Eu me arrependo até o último fio de cabelo de ter feito isso. Temos a péssima mania de querer fazer o que está dando certo para os outros e achar que aquilo nos trará o mesmo retorno.

Lembra o nosso papo sobre propósito? É exatamente isso que eu quero te dizer, a escolha do que você vai fazer é muito importante. Pense comigo: você tem a oportunidade de escolher o que será o seu trabalho nos próximos anos. Você precisa no mínimo gostar daquilo, ou seu negócio não terá chances de dar certo.

É imprescindível considerar o custo de oportunidade: "Compreender as oportunidades perdidas ao escolher uma coisa em vez de outra permite uma melhor tomada de decisão. O custo de oportunidade de seguir uma carreira tradicional é deixar de construir a própria marca. Os principais componentes de custo a serem considerados: tempo, esforço, dinheiro e felicidade."[28]

Na maioria das vezes, somos obrigadas a ir diariamente a um emprego do qual não gostamos muito e fazer algo que não nos preenche e não faz sentido em nossa vida. Então, por que raios você vai querer fazer isso com o seu empreendimento também?

Empreender é o nosso grito de liberdade para que possamos fazer o que quisermos e ganhar dinheiro com isso. Pode ser que seus gostos mudem em alguns anos ou meses, mas, de todo jeito, você escolheu fazer aquilo de forma consciente para te gerar dinheiro e então poder mudar de objetivos e propósitos quando quiser.

O que eu quero dizer com isso é que:

Não necessariamente o seu primeiro negócio será o negócio da sua vida.

Mas ele, com certeza, te abrirá portas para um universo novo e mágico do empreendedorismo. Por isso, escolha muito bem o que vai

---

[28] FILATIERI, Nilson; CARVALHO, Rafael. **Paixão S.A.: transforme o que você ama em um negócio digital**. São Paulo: Gente, 2021.

Escolha uma ideia.
Faça dessa ideia
a sua vida. Pense nela,
sonhe com ela, viva
pensando nela.
Deixe cérebro,
músculos, nervos, todas
as partes do seu corpo
serem preenchidas com
essa ideia.
Esse é o caminho para o
sucesso.

— SWAMI VIVEKANANDA

fazer e vender para que a gente tenha sucesso nessa estrutura e você enfie muito dinheiro no rabo!

Então, o primeiro passo é definir o que você vai vender, e para isso, existe uma sequência de perguntas e reflexões importantes para você mapear suas habilidades, interesses e possibilidades de realização, a fim de identificar o que Rafael Carvalho chama de superpoder: "O seu superpoder é alcançado quando a Paixão, a Competência e o Talento se encontram".[29]

Habilidades:

Aquilo que você sabe fazer e tem facilidade em desenvolver!

O que você sabe fazer? O que você tem facilidade em fazer? É ideal que aqui estejam listadas as suas principais habilidades, sejam elas técnicas ou operacionais. Você tem facilidade em vender, em mexer num *software* de edição, em escrever, em editar? Você tem facilidade em trabalhos manuais, criativos ou organizacionais? Pois saiba que todas essas habilidades podem ser monetizadas, ainda que você nunca tenha pensado a respeito.

Eu, por exemplo, sempre tive paixão pela internet e por programas de edição. Como já mencionei, fiz o meu primeiro curso de informática aos 11 anos de idade e, então, abriu-se um mundo de softwares como Photoshop e Corel Draw. A paixão por blogs e Linkin Park me fez aprender HTML, a fim de poder atualizar a página que eu mesma havia criado. Meus hobbies foram se tornando habilidades que eu aprendia de forma autodidata e que poderiam ser facilmente monetizados, ainda que eu não tivesse consciência disso.

Outro ponto bem interessante de se observar é: pelo que as pessoas te conhecem? Qual informação te perguntam com frequência? Quando mais pedem a sua opinião? Se você parar para pensar, essa é uma habilidade que, ainda que você não tenha dado a devida atenção,

---

29 Idem.

pode virar um serviço ou produto que renda dinheiro. Se você domina algo a ponto de ser referência para outras pessoas, então esse conhecimento pode ser monetizado.

Grant Cardone discorre sobre a capacidade de previsão que adquirimos a partir do momento em que assumimos a responsabilidade pelo que acontece e começamos a buscar saber das coisas: anotar, estudar, aprender e adquirir o conhecimento necessário para ter sucesso, e que define muito bem o valor do sucesso: "[...] Eu tinha o controle porque sabia. Saber é fundamental para o sucesso, pois o conhecimento é igual a poder. Saber significa encontrar menos resistência. Menos resistência significa uma vida melhor!".[30]

Quando for monetizar seu conhecimento, lembre-se de que é extremamente necessário que você saiba *como* monetizar, *como* vender, e entender que o aprendizado não se refere apenas ao conhecimento à venda, mas ao negócio em si, seu *modo* de empreender.

Interesses:

Aquilo que te chama atenção e você gastaria horas do seu dia lendo sobre, sem se cansar

Após mapear e listar suas habilidades, é hora de levar em consideração o que você realmente quer fazer. Quais das habilidades presentes na sua lista fazem seu coração vibrar mais forte? No que você tem interesse de verdade? Se pudesse decidir o que fazer, o que faria? Trabalharia com moda, marketing, prestação de serviço, venda de produtos?

Aqui chegou a hora de você realmente colocar em pauta as coisas que te interessam e com as quais você cogita trabalhar. Como contei, eu amava com todas as minhas forças todo o universo da internet: desenvolver artes e editar com programas criativos fazia o meu coração bater mais forte, mas sempre achei que isso nunca me traria dinheiro. Eu não conseguia ver relação entre fazer algo que eu amava e

---

30 CARDONE, op. cit.

transformar aquilo em trabalho, porque somos criadas para achar que não precisamos gostar daquilo que fazemos, desde que o pague bem.

> **Anos depois descobri, que quanto mais você ama o que faz, mais você transforma aquilo numa máquina de fazer dinheiro.**

Eu tinha muito interesse por roupas e acessórios, por exemplo, mas, na prática, ter uma loja em casa se provou uma péssima ideia. O processo de vender produtos físicos não me agradou como eu achei que agradaria, e logo descartei essa possibilidade, pois percebi que não me dedicaria o suficiente àquilo. Foi quando percebi que, apesar de gostar de consumir aqueles itens, não tinha interesse em torná-los minha fonte de renda. E aí temos um ponto importante: o que te gera interesse *de verdade* e o que está sendo manipulado pelo que você anda consumindo?

Muitas das nossas escolhas podem ser frutos do que consumimos. Vemos alguém prosperando em algo e rapidamente criamos uma conexão e nos manipulamos para que aquilo vire a paixão da nossa vida. Estamos nos enganando pois achamos que será mais fácil fazer algo que já foi validado por outra pessoa, mas esse pensamento só vai te afastar de alcançar os seus objetivos. Liste seus interesses e veja o que realmente gosta de fazer e em que passaria boa parte do seu dia trabalhando.

No livro *Paixão S.A.*, os autores chamam de "superpoder" o encontro da Paixão, da Competência e do Talento, e eles colocam três condições para encontrar o superpoder:

1 Quais tarefas lhe dão a sensação de alegria e empolgação sem esforço?

2 O que você faz extremamente bem?

3 Para qual atividade você sempre teve talento?

Possibilidades de realização:

Aquilo que é possível dentro da sua realidade de tempo e investimento

Infelizmente, nem toda habilidade e interesse estão alinhados com o seu poder aquisitivo. Eu sei que isso é uma merda, porque você quer dominar o mundo, mas não tem dinheiro para tal. Isso não significa, entretanto, que está tudo perdido. Você precisa apenas alinhar a rota para fazer coisas possíveis de acordo com o tempo e o dinheiro que tem disponíveis, alavancando ideias que te ajudem a gerar mais dinheiro e, assim, ter mais possibilidades de investimento.

Eu não tinha dinheiro para investir no meu negócio quando comecei a empreender. O meu salário era de R$ 900,00 e, apesar de ter um notebook que havia parcelado em meu cartão, precisava pagar todas as contas e sobrava pouco dinheiro para mim. Então, joguei com as cartas que tinha nas mãos e procurei formas de me informar por meio de cursos gratuitos on-line. Passava horas treinando as minhas habilidades e aumentando os meus conhecimentos nos principais softwares. Quando comecei a fazer os meus freelas, tinha o conhecimento necessário para entregar o melhor trabalho possível para meus clientes e aumentar a minha renda.

Não estou dizendo que era uma tarefa fácil. Exige dedicação, pesquisa e conhecimento, além de um fogo no cu de ver as coisas acontecerem para o seu negócio. Se você ainda está em um emprego CLT, por exemplo, e sente que a sua renda não é suficiente para começar a investir na sua empresa, verifique a possibilidade de fazer alguns trabalhos extras para juntar mais dinheiro.

Pensa comigo, miga: a dedicação que você colocar agora na sua empresa renderá frutos no futuro. Parece muito melhor ralar o cu na ostra fazendo a sua empresa crescer do que se esforçando para ganhar um salário baixo e ver a empresa de outras pessoas crescer, né?

Não deixe as dificuldades do começo te desanimarem e mantenha os seus objetivos em mente. Procure entender as suas possibilidades de realização, primeiro identificando quanto tempo e dinheiro você tem para investir em um negócio. Então, cruze todas as informações que mapeamos.

E, então, vêm as perguntas importantes:

1 Quais são as habilidades que mais me geram interesse?

2 Qual(is) delas tem maior possibilidade de ser monetizada se eu investir meu tempo e dinheiro?

3 Quais as possibilidades de isso virar um negócio?

4 Como eu posso vender essa minha habilidade?

5 Tem pessoas interessadas nisso?

6 Por onde eu posso começar a vender esse produto ou serviço?

7 Para quais pessoas eu venderia?

8 Quem eu conheço que compraria?

Esse é só o primeiro tópico da estrutura de um negócio: entender o que você vai vender. Preparada para continuar?

CAPÍTULO 8

NICHO E PERSONA, PARA QUE ISSO SERVE?

Você precisa de três elementos básicos para abrir um novo negócio: conhecer o seu produto melhor do que ninguém; conhecer os seus clientes; e desejar, com todas as forças, o sucesso.

— Dave Thomas

Nosso próximo tópico na estrutura de um negócio será todo destinado a refinar suas escolhas e começar a mapear uma estratégia que te traga clareza sobre os próximos passos. Saber o que vender é importante, mas o resultado só vem quando você souber para quem vender e o que move essa pessoa a comprar de você!

Nicho e subnicho

Eu sei que você já escolheu o que quer vender, mas nichar e subnichar são os segredos que muitos negócios ignoram. O nicho nada mais é que uma fatia do mercado, uma segmentação ou identificação de um grupo menor dentro de um setor, com necessidades e interesses específicos. E o subnicho é um pedaço ainda menor do nicho, que traz mais especificidade e profundidade para quem você quer vender.

Digamos, por exemplo, que você venda roupas para mulheres. Isso parece um pouco abrangente demais, não é mesmo? Se você escolher uma fatia específica do mercado, digamos, por exemplo, o setor de pijamas, o seu público será mais específico. Esse é o seu nicho. Se decidir vender pijamas para mulheres que são mães de meninas e trabalham em casa, você subnichou. Você deixa de focar em todo mundo e passa a ter como referência aquele público específico para quem decidiu vender.

Quando abordo esse tópico, algumas empreendedoras se mostram receosas, pois acreditam que, ao segmentar muito o produto, estão perdendo oportunidades de vendas. Mas é exatamente o contrário.

Um produto abrangente demais não fala com ninguém e não gera conversões.

Pensemos, por exemplo, na loja de pijamas para mulheres mães de meninas que trabalham em casa. Ao definir esse público, você poderá focar todo o seu conteúdo de forma a atraí-lo. Fotos de mães e filhas curtindo momentos felizes juntas e vestidas com seus pijamas, estampas que agradem tanto às mães quanto às filhas, uma linguagem focada nesse público. Tudo isso te trará muito mais vendas e fará com que você tenha mais reconhecimento nessa área.

A primeira crença que precisamos quebrar sobre nichos e subnichos é achar que você vai deixar de vender se segmentar muito. Entenda de uma vez por todas que, quanto mais específico for o seu público, mais você consegue falar diretamente para ele, com a linguagem dele; estudar suas necessidades; e ser totalmente intencional com seu conteúdo e estratégias, porque o que irá te interessar é apenas o seu público específico.

Agora vou chamar a sua atenção para um ponto que muitos negócios ignoram, mas não deveriam, pois é uma verdadeira mina de ouro. Com a internet, muitas demandas novas estão surgindo, – de profissionais, de negócios ou de especialistas. Existe um grande buraco de mão-de-obra da nova era, principalmente de negócios e empresas que são nativas digitais, as chamadas DNVB, sigla em inglês para Digitally Native Vertical Brands, ou Marcas Verticais Nativas Digitais, que se refere a empresas que nascem no meio digital e vendem para clientes digitais.

E o que são empresas nativas digitais?

Criada em 2016 pelo empresário Andy Dunn, a expressão Digitally Native Vertical Brands (DNVB) ainda é pouco conhecida no Brasil. Ela representa as empresas nascidas no meio digital, que vendem seus produtos diretamente para os consumidores finais, sem intermediários – como lojas físicas e revendedores em geral –, estabelecendo uma relação de proximidade com os clientes.

Segundo o portal EducaMais Brasil,

> Nascer no meio digital não é a única característica da DNVB: ela investe na construção de marca e qualidade do produto, com foco em oferecer a melhor experiência possível para os consumidores. Principalmente porque o contato entre a marca

e o cliente é constante e vertical. O consumidor, nesse caso, é o nascido na era digital – gerações Z e Y, ou os Millennials. Para eles, a interação com computadores é parte natural da vida, pois não conhecem um mundo sem a internet.

Com a criação dessas marcas e com o surgimento de cada vez mais empreendedores digitais, tem-se aumentado a busca por profissionais que entendam essas demandas. Um exemplo rápido dessa necessidade é imaginar um sex shop que funcione on-line e venda produtos como vibradores e acessórios sexuais. Essa loja terá a necessidade de uma social media que tenha como foco criar conteúdo e gerenciar suas mídias sociais de forma estratégica para vender mais, certo? Quem você escolheria para esse cargo: um social media que está há quatro anos no mercado trabalhando com negócios de todas as áreas possíveis, ou um profissional que está há dois anos no mercado e é especialista em produção de conteúdo e estratégias em redes sociais para sex shops e empresas no ramo da sexualidade?

Se você é infoprodutor, vende cursos e produtos digitais na internet e está precisando de uma secretária para cuidar de todas as suas demandas, vai contratar uma secretária tradicional ou uma assistente virtual especialista no nicho de infoprodutos, que conhece suas demandas e necessidades?

É muito claro que novos negócios criam demandas cada vez mais nichadas, e quem as atende sai na frente. Por isso, entender de um nicho específico traz mais autoridade e proporciona a possibilidade de cobrar mais por isso.

Agora vamos falar de persona

Uma das coisas que as pessoas mais confundem nessa hora são os termos "persona" e "público-alvo", demonstrando não entender muito bem para que serve a tal persona que é mencionada a todo momento no ambiente digital.

O público-alvo é a definição básica do seu público, trazendo informações como sexo, localização geográfica e idade. Já a persona é algo que, se você souber identificar e usar com inteligência, pode trazer muitos resultados. Ela explora o seu público mais a fundo, com dados relacionados à personalidade, aos desejos e às necessidades daquele que seria o cliente ideal do seu produto, ou seja, a pessoa para quem você quer vender.

Para definir essa persona, você precisa mapear suas dores, desejos, necessidades, objetivos, gostos, valores, sonhos e até inimigos em comum. Ao identificar e mapear todos esses elementos, você consegue entender quem é a pessoa que está comprando de você, quais são suas expectativas e seus maiores objetivos na vida.

Essas informações te permitem saber como falar, que termos usar, quais ofertas fazer e qual conteúdo desenvolver, pois você sabe para onde cada uma dessas coisas é direcionada. Se você não sabe com quem está falando, o seu conteúdo será genérico e não gerará conexão. E se não há conexão, não há venda.

Como primeiro exercício de persona, gostaria de propor que você olhasse para o seu início, para quem era quando começou o seu negócio.

Quais eram os seus interesses e desejos? Quais soluções você buscava trazer ao criar o seu produto? Quais eram as suas dificuldades, dores e sonhos? Você era a cliente que gostaria de atender na sua empresa? Caso positivo, comece a se mapear e entenda como criar uma conversa direcionada a essa persona.

Se você quer vender algo, precisa entender que está falando com pessoas que vão potencialmente comprar de você e que são movidas por sentimentos, crenças e valores diversos. Precisa saber como conversar e se conectar diretamente com esses elementos.

Não é porque você não tem um plano de negócios completo que a sua empresa não terá uma estrutura burocrática mínima. Isso é necessário para lembrarmos que o que estamos construindo é muito mais que uma loja, uma página na internet, um freela ou uma marca pequena.

Você está construindo uma *fucking* empresa, minha filha! Bora pro jogo, bora agir igual adulta, bora assumir seu lugar no mundo e se apropriar da empresa foda que você está montando.

Quando eu resolvi abrir meu CNPJ, parece que tudo mudou. Comecei a ver o meu negócio como um negócio de verdade, por mais que eu não tivesse nenhuma estrutura ou dinheiro em caixa. Eu sentia que tinha um compromisso comigo mesma e com aquela empresa que tinha aberto. Por mais que eu ainda estivesse no meu emprego, ter um MEI foi meu primeiro passo para enxergar a minha empresa com mais seriedade.

Quero que você se lembre bem do seguinte *checklist* com os principais pontos burocráticos que você deve priorizar no seu negócio para realmente não precisar se preocupar com isso depois.

Porque se você quiser construir uma empresa sólida, precisa de um terreno sólido e SEGURO:

- [ ] Verifique pendências e irregularidades no CPF dos sócios
- [ ] Verifique a viabilidade na prefeitura
- [ ] CNPJ
- [ ] Porte da Empresa (MEI, ME, EPP, EIRELI, etc.)
- [ ] Regime de Tributação (Simples Nacional, Lucro Presumido, Lucro Real)
- [ ] Cadastro de INSS
- [ ] Inscrição Municipal
- [ ] Inscrição Estadual (se necessário)
- [ ] Alvará
- [ ] Sistema para Emissão de Notas Fiscais
- [ ] Licenças de Funcionamento (se necessário)
- [ ] Contratos (trabalho, serviço, social etc.)
- [ ] Termos (de sigilo, de direito de imagem etc.)
- [ ] Certificado digital

É como eu sempre digo: trabalhe com o que você ama, e mesmo assim tenha assuntos infernais para resolver.

Você está construindo uma *fucking* empresa, minha filha! Bora pro jogo, bora agir igual adulta, bora assumir seu lugar no mundo e se apropriar da empresa foda que você está construindo.

— Camila Vidal

Burocracia, o lado do empreendedorismo que ninguém te conta.

Quando você tem um negócio, separar a pessoa física da pessoa jurídica é uma das coisas mais importantes a se fazer para que possa chegar no seu objetivo, podendo crescer para caralho sem ter que pegar todo e qualquer trabalho que apareça.

Quando você estabelece um limite no dinheiro que entra na sua empresa e começa a destiná-lo para o local certo, tirando parte do seu salário e destinando o resto para o caixa da empresa, ela pode crescer. Mas isso é difícil de ser feito quando não existe um hábito.

Por isso, a primeira coisa a ser feita é trabalhar a sua mentalidade. Existe uma barreira mental bem comum quando começamos a empreender que é achar que se você trabalha duro por esse dinheiro, merece ser recompensada torrando tudo. Esse é um pensamento que faz você competir com a sua própria empresa, impedindo que ela cresça.

Entenda que, apesar de o negócio ser seu, você é uma funcionária e deve obedecer a determinadas regras. Funcionários não têm acesso ao valor total gerado pela empresa. Não adianta criar contas bancárias diferentes de pessoa física e pessoa jurídica se não existe um preparo mental para essa divisão.

Eu fiz isso durante muitos anos. Pensava que tinha total controle da empresa e gastava todo o meu dinheiro até o último centavo. Eu sabia que trabalharia pesado no próximo mês e ganharia todo o dinheiro de novo, por isso não haveria problema. Mas você consegue detectar rapidamente qual é o erro nisso, não?

Se eu voltasse a todo momento à estaca zero, jamais sairia do lugar!

Separar o dinheiro da empresa rende mais liberdade e mais tempo. Você poderá investir em cursos e dedicar um tempo ao seu aprendizado sem ter medo de não estar sendo produtiva financeiramente. E o melhor de tudo: poderá dizer "não" para clientes que não queira atender.

Ter o caixa da empresa garante que você possa fazer escolhas mais focadas no crescimento do seu negócio, em vez de pensar somente em formas de conseguir mais dinheiro rapidamente. Se estamos sempre precisando de dinheiro, não paramos para analisar o que queremos, que tipo de cliente aceitamos e quais serviços queremos prestar.

E, se não pensamos nisso, não temos a possibilidade de criar ideias novas e expandir o nosso negócio. A produtividade e o crescimento da sua empresa não estão ligados a se dedicar, todos os dias, aos serviços que você presta ou aos produtos que você vende. Estão conectados com as estratégias que você cria para alimentar as suas fontes de contato com os clientes existentes e com possíveis novos clientes.

Cultura preventiva, cultive a sua!

Já passou pela sua cabeça a possibilidade de trabalhar durante anos no seu negócio, depositando toda a sua energia, dinheiro, tempo e sacrifício somente para, um belo dia, você receber uma intimação para tirar seu negócio de circulação imediatamente porque o nome da sua empresa já foi registrado por uma marca?

Se você acredita que sua empresa será grande e confia no seu negócio, deve protegê-lo. Cuide de cada detalhe e entenda que você pode perder a sua empresa em um piscar de olhos.

Por detalhes pequenos como esse, você pode perder sua marca, seu trabalho e o seu tempo. É exatamente isso que acontece quando não protege sua empresa e não registra sua marca no INPI (Instituto Nacional de Propriedade Industrial); quando não trabalha com contratos e termos de segurança; quando não formaliza suas negociações por e-mail; quando não documenta qualquer ação com terceiros.

Um detalhe simples pode mudar todo o seu jogo e, por isso, quero que você aprenda a cultivar desde agora uma cultura preventiva na sua empresa. Não, não importa o tamanho do seu negócio ou se você empreende sozinha. O que importa é a sua mentalidade perante a sua empresa.

A partir de hoje, se você é uma Moving Girl, vai aprender a cuidar do que está criando! Se você está colocando energia e tempo em algo, proteja-o com todas as forças. É do seu negócio que estamos falando!

Posicionamento focado em vendas, você tem?

Se o seu negócio não é ganhar dinheiro, então pare por aqui.

Todo negócio foi criado para vender, para nos dar dinheiro e proporcionar liberdade financeira em nossas vidas, certo? Para ajudar os outros, precisamos primeiro nos ajudar. Já sabemos disso, mas precisamos ter a consciência de que nosso negócio está aqui para gerar dinheiro. Independentemente do seu nicho, produto, serviço ou negócio, você precisa vender, e para vender bem e muito, precisa ser a vendedora número um do seu negócio.

Eu não sei se já passou pela sua cabeça o seguinte pensamento sobre vendas: "Eu gostaria de vender sem parecer que estou vendendo". Isso já passou pela minha cabeça inúmeras vezes. Eu achava errado vender, e isso foi um grande bloqueio para o início da Moving. Demorei para enxergar todo o potencial de negócios que a Moving Girls tinha porque eu não queria vender. Sentia como se estivesse enganando a comunidade que eu havia criado ao tentar vender produtos para ela.

É curioso parar para pensar o quanto a venda faz parte da nossa vida. Estamos comprando a todo instante produtos, infoprodutos, ideologias e opiniões. A venda nada mais é que o poder de convencer alguém a comprar ou fazer determinada coisa. Pense, por exemplo, nos debates escolares que eram tão frequentes em determinadas aulas.

Geralmente, os professores nos separavam em grupos e nos faziam falar sobre determinado assunto, com um grupo sendo contra e outro, a favor. A ideia era tentar convencer o grupo oposto a mudar de opinião. Para tal, apresentávamos nossos argumentos como uma espécie de venda.

A venda envolve o poder de argumentação, de convencimento, de apresentação de determinado produto ou ideia. E você não vai vender algo em que não acredita, afinal, a sua empresa foi fundada com base naquilo que você crê. Então, por que seria errado vender para a sua comunidade?

Flávio Augusto[31] abriu mão de sua carreira padrão e de se formar em uma faculdade, preferindo empreender e vender o próprio produto. Por ironia do destino, quando ele se deparou com a oportunidade de trabalhar em uma multinacional em regime CLT, teve como entrevistador um diretor que percebeu que aquilo era muito pequeno para Flávio. O potencial dele seria desperdiçado dentro dos limites da empresa – e, de fato, Flávio Augusto teve uma trajetória que jamais se restringiria àqueles limites.

Geralmente, nós replicamos crenças limitantes que nos são embutidas desde a infância. No meu último emprego, fomos treinados a vender a qualquer custo e, por isso, tornei-me uma vendedora imbatível ao usar técnicas e gatilhos em vendas presenciais. Quando cheguei na internet, a última coisa que eu queria era replicar a postura de alguém que vendia a qualquer custo. Isso me fez desenvolver um bloqueio em aparecer vendendo o meu produto, por mais que eu soubesse que gostaria de ganhar muito dinheiro e entendesse que vender era a única forma de executar esse plano.

Por mais que eu acreditasse no meu potencial, vender se tornou algo extremamente ruim aos meus olhos, como resultado da minha experiência em vender algo no qual não acreditava a qualquer custo, para qualquer pessoa. Até que um dia, tive a oportunidade de, em um *hot seat* de um evento, perguntar a um grande *player* do mercado como poderia vender sem parecer que estava vendendo.

O que ele disse me fez abrir os olhos. Passei a entender que vender não é algo ruim. Vender é um ato de confiança, uma troca de

---

[31] SILVA, Flávio Augusto. **Ponto de inflexão: uma decisão muda tudo**. São Paulo: Buzz, 2018.

energia entre alguém que quer algo e outra pessoa que possui o que ela deseja. Vender se tornou meu hobby; fazer dinheiro, para mim, virou um ato de prazer! Muita gente tem a ideia de que vender sutilmente, sem parecer que quer vender, é algo bom. Mas isso não torna sua empresa melhor nem traz os resultados que você deseja.

> **As pessoas precisam saber que você está vendendo algo. Você precisa ser cirúrgica, clara e assertiva. Você está vendendo, sim, e compra quem quiser.**

Você não está obrigando a sua comunidade a comprar, até porque fornece um conteúdo rico e de graça. O produto que você vende é um aprofundamento daquilo que você já fornece gratuitamente.

Eu não sei se, assim como eu tinha, você possui alguma crença ou relação negativa com as vendas, mas se for esse o caso, procure ressignificar isso. Vender nada mais é que ganhar dinheiro pelo seu trabalho, produto ou serviço. É ser bem paga por ajudar e servir outra pessoa com o conhecimento que você reuniu de todas as suas experiências e bagagens. Se as pessoas não ficarem convencidas, elas não vão comprar. E não há ninguém melhor para vender o seu produto ou serviço do que a pessoa que acreditou nele primeiro: você!

Um grande erro na hora de vender algum produto ou serviço é esquecer que a negociação é um jogo estratégico. Os vendedores esquecem que o produto está sendo vendido para uma pessoa com emoções, expectativas, desejos, medos, sonhos, e colocam o foco somente nas características do que está sendo oferecido. Então, nunca chegue despreparada para uma venda ou negociação: ela começa muito antes de você fazer uma proposta ou oferecer seu produto.

A seguir, veja a lista dos "dez mandamentos das vendas" de Grant Cardone:

1. seja orgulhosa e positiva;
2. vista-se para ganhar a venda;
3. enxergue a venda;
4. esteja vendida à sua oferta;
5. conheça sua proposta de valor;
6. sempre concorde com seu cliente;
7. demonstre de forma exagerada;
8. use o tempo com eficiência;
9. assuma o fechamento;
10. sempre insista no fechamento.

O processo e o relacionamento que vêm antes de o seu cliente realizar a compra são só os primeiros passos de uma venda de sucesso. Vender é trocar energia, é um ato grandioso perante seu cliente e seu negócio.

Ao entender sobre a grandeza que existe em uma negociação de venda, você faz da venda o seu ouro, seu momento de ser paga e servir o seu cliente com honra. Você passa a entender que aquele é o momento justo de receber pelo seu trabalho e recompensar todo o seu esforço, mostrando o valor que você agrega ao que produz.

Nem por um momento ache que vender é jogar o seu produto ou serviço na mesa e esperar o cliente pegar de você. Você precisa qualificar seu cliente, principalmente no ambiente digital, onde ele dá as caras nas redes sociais sem ter necessariamente a intenção de comprar. Com o direcionamento certo e a criação de um relacionamento mais profundo, esse cliente pode decidir passar o cartão.

Esse direcionamento acontece com seu posicionamento, seu conteúdo, sua postura, seu conhecimento sobre a persona, sobre as dores, sobre os desejos e sobre a vida que aquele cliente quer alcançar. Ao mapear esses pontos e bater pesado nessas emoções, você consegue a atenção dele para que, assim, ele escute o que você tem a dizer e aí entenda que precisa o que você oferece.

É claro que existirão as pessoas que já estão decididas a comprar e não pensarão duas vezes. Para elas, bastará você dar o comando e verificar a venda sendo feita. Mas tenho certeza de que o relacionamento certo e a criação de uma comunidade engajada e com senso de pertencimento vão ativar a vontade de comprar em outros potenciais clientes que você nem imaginaria.

Se a partir de agora você enxergar o ritual de venda como algo sagrado, como uma troca de energia profunda, vai estar mais sensível ao processo, às palavras e ao relacionamento.

A sua postura perante o seu cliente será a de uma empresária com marca pessoal forte e com um senso de direcionamento de conteúdo que, de forma mágica, levará ao fechamento daquela venda.

Não queira qualquer cliente, não venda a qualquer custo, não seja a vendedora que está sempre velando as informações, os juros, os termos sobre aquele contrato. Transparência, firmeza, clareza e postura ditam como as pessoas te veem no seu mercado. Não me interessa se sua empresa é pequena, grande, média, composta só por você, por duas ou por dez pessoas!

Seja a líder, a empresária e a mulher implacável que seu negócio e seu futuro merecem.

Seja a líder, a empresária e a mulher implacável que seu negócio e seu futuro merecem.

— Camila Vidal

Marketing:

Porque as pessoas precisam saber o que você vende para que isso de fato aconteça

Não adianta nada você escolher um nicho, um produto, um nome para a sua empresa e criar um universo maravilhoso, se ninguém nunca souber de fato que a sua empresa existe; ou pior, se a pessoa não se sentir envolvida e captada para chegar nessas vias com sua decisão de compra em mãos.

Segundo Philip Kotler, marketing é a ciência e a arte de explorar. E é por isso que a base do marketing é construída em cima de estratégias e técnicas que revelam o valor agregado a um determinado produto ou serviço, na visão do público-alvo escolhido.

O marketing envolve, definitivamente, explorar todas as formas de apresentar a nossa solução da forma mais atrativa, sedutora e imperdível para o público que queremos atingir. Com o *boom* das redes sociais, e com o Instagram sendo cada vez mais usado como uma rede comercial para empresas, empreendedores e lojas, temos a implementação pesada do marketing digital, que é o marketing tradicional que conhecemos, mas adaptado para a atmosfera digital.

O Instagram é uma das plataformas que permitem lidar diretamente com as pessoas, usando as estratégias, técnicas e práticas do marketing, o que possibilita mostrar o real valor do seu produto. Para isso, é necessária uma construção de relacionamento e de pertencimento diária com o cliente.

Pense em como as vendas eram feitas antigamente, considerando, por exemplo, os comerciais de televisão. Você não tinha a oportunidade de falar com o ator ou com a marca que apresentavam o produto que desejava comprar.

Hoje, no Instagram, a pessoa está a uma mensagem de distância. Temos a chance de dialogar diretamente com nossos clientes, criar narrativas, histórias, encantar com vídeos, imagens e textos. Podemos colocar a cliente numa *live*, numa lista de e-mails, e ter finalmente acesso ao que eu considero mais importante: a atenção das pessoas que estão ali.

A partir do momento em que temos acesso a essa atenção, podemos utilizar todas as ferramentas essenciais para conscientizar a cliente do problema que ela tem (e não sabia), e apresentar a solução mais adequada, mostrando que você é quem a detém, para, no final, fazer o convite para que ela compre, sem medo, sem dúvida, sem objeções.

Aliás, muitas pessoas têm uma péssima impressão de gatilhos mentais, técnicas de vendas e construção de narrativas para direcionar o cliente para uma tomada de decisão. Isso ocorre porque há tanta informação disponível, que tendemos a confundir as coisas, ficamos perdidas em relação aos diferentes termos e não sabemos como absorver a informação certa. É por isso que ressaltei a importância de procurar informações em outros setores que não sejam somente as redes sociais.

Lembre-se de que, na grande maioria das vezes, as pessoas estão perdidas. Não têm consciência de que há um problema ou uma necessidade mal atendida na vida delas e não entendem que aquilo, quando apresentado, tem uma solução. Como profissional especialista na área em que você atua, é sua a responsabilidade de mostrar isso para o seu cliente. Isso gerará uma expansão de consciência necessária para que ele conheça o valor do seu produto/serviço e, principalmente, entenda a necessidade de optar por comprar de você.

Esse é o papel do marketing na sua empresa e no seu *start*. É por isso que, para começar, você não precisa de grandes estruturas, de grandes planos de negócios. Você precisa de ação! Ela é a grande responsável por mover o seu negócio. Agir é um dom! Você está preparada para ativar o seu poder?

> Uma maneira de vender para um consumidor no futuro é simplesmente obter sua permissão com antecedência.
>
> — SETH GODIN

CAPÍTULO 9

MENTALIDADE DE AÇO

Há muitas razões
ruins para começar
uma empresa.
Mas há apenas
uma boa, legítima
razão, e eu acho que
você sabe qual é:
mudar o mundo.

— PHIL LIBIN,
CEO DO EVERNOTE.

A única forma de fazer as estratégias, técnicas e processos se transformarem em ação é tendo uma mentalidade de aço.

A sua habilidade de agir é o seu maior dom. De nada adiantam as técnicas, o conhecimento e as ferramentas se você não colocar em prática os seus planos. Muitas pessoas podem ter acesso ao mesmo conhecimento e às mesmas estratégias que eu sem, entretanto, agirem.

Sabe quando alguém vai a um museu e, ao se deparar com a arte exposta, diz que poderia fazer igual ou melhor? A pergunta é: então por que não fez?

Eu sempre treinei minha mente para executar e aplicar o que eu aprendo, e é exatamente isso que me leva para o resultado, que me faz enxergar a abundância e eliminar crenças limitantes e qualquer tipo de ruído à minha volta. Isso também será importante para você nutrir e desenvolver uma mente de aço focada em resultado, buscando o controle emocional.

Sobre isso, Susan Anderson fala no seu livro *Mente blindada* que "nenhuma emoção é coisa ruim. A resposta é apenas poder aproveitar a emoção certa no momento certo".[32] A verdade nua e crua que ela apresenta, e que muitas pessoas tendem a ignorar, é o fato de os projetos que tornaram pessoas ricas não estarem relacionados a trabalhos chatos; são projetos de paixão.

É muito importante saber separar o status do trabalho do sentimento pessoal de orgulho e realização. Essa é a diferença entre renda e riqueza.

Renda é o quanto se ganha, independentemente da paixão pelo trabalho que fazemos. Riqueza é realizar um trabalho com paixão e com orgulho, tendo todas as suas emoções voltadas para ele.

Eu sempre tive clareza de que construiria minha própria história e nunca poupei esforços para isso, porque minha paixão sempre foi pela

---

[32] ANDERSON, Susan. **Mente blindada: 12 simples estratégias para reprogramar o seu cérebro para criar uma mentalidade positiva e uma vida cheia de resultados**. Kindle Unlimited: E-book, 2020.

Renda é o
quanto se ganha,
independentemente
da paixão pelo trabalho
que fazemos.
Riqueza é realizar um
trabalho com paixão
e com orgulho, tendo
todas as suas emoções
voltadas para ele.

— Camila Vidal

independência e pelo crescimento. À medida que fui empreendendo e me empenhando – e foi um empenho do cacete –, eu ia estudando, me descobrindo, mudando a percepção do horizonte que eu desejava.

De vender cartões na escola ao trabalho CLT, da agência para os dias de hoje, nessa empresa gigantesca e surpreendente que é a Moving Girls, tenho certeza de que, de fato, a paixão nos move e nos constrói. Sim, é possível, e eu pude comprovar isso! Somos capazes e temos cacife para ter o que quisermos, bastando apenas nos esforçarmos para tal.

É aí que complica! Quando digo que basta apenas o esforço, deve ficar subentendido que toda a sua energia, suas ações, seu foco e seu pensamento devem se centralizar no seu objetivo. É assim que qualquer trabalho feito de forma inteligente e direcionada traz os resultados que almejamos. Concentrar-se no que é essencial e eliminar o que é trivial, o que nos atrasa e não nos leva a lugar algum. Por isso, sempre tive foco no que era mais importante e essencial para mim.

A mentalidade certa fará você avançar

Greg McKeown justifica muito bem por que as pessoas se perdem fazendo tantas coisas triviais e deixam de se concentrar no que realmente lhes dará impulso para atingir seus objetivos. Através do método *explorar – eliminar – executar* que ele explica,[33] consegui me empenhar ao máximo e tirar do caminho tudo que me impediria de construir minha independência. Disse "não" a muitos churrascos e a muitos passeios. Não viajava e não me distraía nos fins de semana.

Se eu não tivesse a mentalidade preparada para essa jornada, eu teria desistido e, ao invés de pensar que aquela era só uma fase necessária para a evolução que eu buscava, eu teria cedido aos impulsos e focado minha energia em algo que não era tão merecedor. Em vez disso, fui galgando meu espaço no mercado, compreendendo seu funcionamento e me estabelecendo como executora. Estudei, testei, validei, recomecei e, principalmente, sempre acreditei no meu potencial, sem me desviar do meu objetivo.

---

33 MCKEOWN, op. cit.

Ah, sim, isso é importante observar: objetivo, no singular. Um só! Essa ideia de ter prioridades como se o primeiro lugar pudesse ser dividido em partes não funciona. Quando dividimos, perdemos energia e foco, nos atrasamos e não construímos nada daquilo de que precisamos. Nossa mentalidade enfraquece porque somos dominadas pela emoção do sentimento de que não vamos conseguir, não daremos conta e aquilo não dará certo.

É por isso que digo que a mentalidade é fundamental. Temos que liberar o caminho para que ela aja e nos faça colocar as mãos na massa de maneira focada e com convicção. Sempre fiz essa escolha de modo consciente e atenta para não me desviar do foco.

E, quando se trata de emoções, os bons hábitos são consideráveis para se ter o controle emocional e manter a mente de aço.

Como Susan Anderson defende em seu livro,[34] as coisas que eu faço hoje estão me levando às coisas que desejo. É importantíssimo ter essa clareza para que a mentalidade se fortaleça a cada negativa, a cada vez que exerço meu poder de escolha e me mantenho no caminho dizendo "não" para aquilo que não vai contribuir para a realização dos meus sonhos.

Quando falo sobre o que não contribui, não estou me referindo apenas a compromissos sociais ou a gasto desnecessário de dinheiro, mas também a emoções. Tudo que não agrega não serve para nada. Para quê ficar alimentando tristeza e indignação assistindo a notícias que só falam de desgraça? Para quê estar em um ambiente que não constrói nada, em que há apenas reclamações de como a vida é dura? Para quê despender energia e vibrações com pessoas que se vitimizam e se acomodam em sua zona de conforto e não fazem nada para mudar?

Os quatro pontos-chave da mudança

Não são apenas as coisas que influenciam sua mentalidade. Não se trata de focar única e exclusivamente em "coisas que quero ter". A mentalidade certa vai além, trazendo consigo toda a vibração que você culti-

---
34 ANDERSON, op. cit.

va à sua volta: todos os pensamentos, sentimentos, emoções e energia. Tudo isso abre o caminho para a realização e serve para fortalecer e ajudar a superar os obstáculos que aparecem.

Tonny Robins[35] descreve como externalizar a realidade interior a partir de uma lista que traz o inventário dos sonhos, das coisas que queremos ter e ser, com prazo para que elas sejam concretizadas. Depois disso, a ideia é escolher as quatro metas mais importantes dessa lista e se concentrar nelas, descrevendo, com a maior riqueza de detalhes possível, tudo que for relacionado à concretização das metas: os recursos que você tem disponíveis, as possibilidades de utilizá-los, o que te impede de realizá-las agora, quem são as inspirações e quais seriam seus conselhos.

Mas, antes de aprofundar essa conversa, quero te contar quando, exatamente, comecei a olhar para a mentalidade de um jeito diferente. Eu lembro como se fosse hoje da primeira vez em que tive contato com um livro relacionado à Lei da Atração. Como eu mencionei, esse livro foi *O Segredo*,[36] uma leitura que minha avó estava fazendo quando eu tinha 11 anos.

Em seguida, assisti ao documentário baseado no livro, também chamado *O Segredo*,[37] e minha mente só não explodiu literalmente porque isso não é possível. Apesar de não ter o nível de consciência necessário, visto que ainda era uma criança, aquilo me chamou a atenção de uma forma que não sei explicar.

Alguns anos depois, perto dos 17 anos, lembro que comprei num sebo on-line um livro que me despertou muito interesse, *Os segredos da mente milionária*.[38] Foi nesse exato momento que eu tive contato com algo que mudaria totalmente minha forma de pensar.

A forma como condicionamos nosso pensamento para realizar o que queremos e como fomos ensinados a pensar e agir em rela-

---

35 ROBBINS, Tonny. **Poder sem limites: a nova ciência do sucesso pessoal**. Rio de Janeiro: BestSeller, 2017.
36 BYRNE, op. cit.
37 O SEGREDO. Drew Heriot (dir.). Austrália/Estados Unidos: Prime Time Productions, 2006. Disponível na Netflix (90 min.).
38 EKER, T. Harv. **Os segredos da mente milionária**. Rio de Janeiro: Sextante, 1992.

ção ao dinheiro, tendo a riqueza como uma referência ruim, é uma grande besteira. O dinheiro traz consigo a liberdade financeira de que precisamos. E com esse livro, aprendi a necessidade de recondicionar os pensamentos para que possamos compreender o "modelo de dinheiro".

Para tal, ele enfatiza que existem quatro pontos-chave da mudança:

1. **Conscientização**: saber exatamente o que traz com pensamentos sobre dinheiro

2. **Entendimento**: compreender a origem do modo de pensar

3. **Dissociação**: escolher continuar com pensamentos de escassez ou optar por pensamentos de riqueza

4. **Recondicionamento**: praticar e ter atitudes mentais que geram riqueza.

"Nada tem significado, exceto aquele que nós mesmos atribuímos as coisas."[39] Pensando nisso, fica evidente o peso da ressignificação para conseguirmos ter uma outra postura em relação ao dinheiro e ao nosso negócio. Pensamentos de escassez trazem uma mente pobre que não se dispõe a concretizar seus sonhos e dar o devido valor à liberdade que o dinheiro traz.

Vale mencionar o quanto acho engraçado perceber que as pessoas têm a tendência de reduzir o significado das coisas, diminuindo, por exemplo, a qualidade desses livros para justificar a falta de sucesso que têm em sua aplicação.

Esses livros trouxeram-me um conteúdo maravilhoso porque eu estava aberta a eles, e com a consciência de que mente milionária não se refere apenas à conta bancária, mas a tudo que a fez chegar até ali. Isso inclui lidar com problemas, com emoções e ter mais autocontrole para enxergar o que vale a pena.

---

39 Idem.

Desde então, reli O *Segredo* e mergulhei em diversas leituras e estudos sobre o poder da mente, o poder da cocriação e como isso impacta não somente nossa vida, mas nossos resultados no negócio.

> "Sua mente tem um poder de fabricar a realidade. O que você pensa, você sente; o que você sente, você vibra; o que você vibra você atrai para si. Somos seres vibracionais que interagem com o universo."[40]

A clareza em relação aos desejos que peço ao universo e a postura de acreditar que aquilo que eu desejo já aconteceu (sem ter acontecido ainda) faz com que o universo materialize meus desejos. Isso nada mais é do que a convicção que temos quando estamos obstinados por alguma coisa. Nossas emoções tornam-se ações que nos movimentam para a realização de nossas metas.

Agora, é lógico que uma vez que pedi ao universo e passei a acreditar que eu conseguiria atingir o meu objetivo, eu ralei o cu na ostra para ir atrás daquilo que eu queria. Eu me dispus a ir atrás dos meus sonhos e fazer com que eles se tornassem realidade, com a convicção de que o universo me apoiaria e me daria aquilo que eu almejava se eu me esforçasse para isso.

Quando se tem convicção nas suas crenças e não inventa desculpas para caminhar na direção de suas conquistas, você se sente fortalecida a superar qualquer obstáculo. Eu fiz o pedido, acreditei e recebi a resposta do universo. "O universo é um espelho, e a Lei da Atração está refletindo de volta para você seus pensamentos dominantes."[41]

---

40 BYRNE, op. cit.
41 Idem.

Desenvolver uma mentalidade implacável me ajudou a criar uma postura de líder executora, exatamente por saber onde eu queria chegar e ter a consciência de que toda a abundância disponível no mundo pode ser acessada por mim também. "Liderar vem tão naturalmente como compassar. Você atinge um ponto em que começa a iniciar a mudança antes mesmo de espelhar a outra pessoa, um ponto no qual desenvolveu tanta harmonia que, quando muda, a outra pessoa inconscientemente o seguirá."[42]

Eu sempre digo que não existe uma única resposta para definir aquilo que virou a chave na minha carreira como empresária. Não foi um único livro, uma única experiência, uma única referência. É o conjunto do que sou, daquilo que busco conhecer e daquilo de que me cerco. As pessoas sempre querem uma resposta simples, única, mas não é assim que funciona.

O que virou sua chave na vida?

Chaves são viradas todos os dias. Achar que existe uma única chave é se limitar, é querer um caminho definitivo que não existe. Quando você se expõe ao novo, quando se coloca em movimento, quando parte para a ação, quando toma seu lugar de observador, quando ousa, quando arrisca, você está mudando seu mundo.

Por isso, é essencial que visualize na sua mente exatamente o que deseja, cada detalhe, cada sensação, como se pudesse quase acessar e sentir a brisa no rosto desse momento. Você consegue imaginar? Eu te convido a fechar seus olhos agora e simplesmente se imaginar acessando cada coisa que deseja na sua vida, no seu futuro. Imagine aquilo que você deseja com detalhes. Como você se sente? Qual é o cheiro do ambiente? Quais são as cores que te cercam? Como é o local que seus pés tocam?

Quando você vê a vida e as possibilidades que estão servidas à mesa, é impossível desver.

---

[42] ROBBINS, op. cit., 2017.

Essa é uma das primeiras de tantas chaves que foram viradas em minha vida quando eu tive contato com o poder da mentalidade e da Lei da Atração. Quando entendi que eu posso acessar toda a abundância do mundo a partir do momento em que me alinho a isso, minha mente e meu trabalho começaram a se movimentar para tal.

Já adianto que se você executa seu trabalho achando que não existe espaço para você, que tudo dá certo para todos menos para você, e que a vida que deseja está muito distante, então é isso que você está atraindo e é isso que viverá.

Como já disse Henry Ford, "Se você pensa que pode ou se pensa que não pode, de qualquer forma você está certo".

Para entender o real significado e relevância quando menciono as possibilidades, vou contar sobre o que estudei em termos de mentalidade no que se referem a vibrações, e como isso interfere na nossa vida.

Já falei aqui que pratico 100% o postulado no livro Os *segredos da mente milionária* quando valido que pensamentos geram sentimentos, sentimentos geram ações, e ações geram resultados. Eu amo esse livro e me fortaleço ainda mais a cada vez que releio.

> Você precisa acreditar que é você mesmo que conquista o seu próprio êxito, que é você mesmo quem promove a sua própria mediocridade e que é você mesmo que estabelece a sua batalha pelo dinheiro e pelo sucesso. Consciente ou inconscientemente, sempre se trata de você[43].

Assuma a postura de uma empresária

Sempre tive muito claro para mim que os pensamentos negativos e a postura de vitimização não contribuem em nada além de traçar o caminho rumo à mediocridade. O inverso também é fato, e já com-

---
[43] EKER, op. cit.

provado por experimentos científicos, como o que aconteceu em Washington, nos Estados Unidos, no verão de 1994, quando ficou comprovado que a consciência exerce influência real não apenas sobre o nosso próprio corpo, como também sobre o ambiente que nos cerca.

Na tentativa de diminuir a criminalidade em Washington, um grupo de iogues anunciou a realização de atividades coletivas a partir de junho de 1994. À medida que se iniciaram as atividades, outros adeptos se juntaram a eles, chegando a 4 mil praticantes em meditação e, nesse período, a criminalidade diminuiu cerca de 20%. Isso evidenciou a correlação direta entre o poder da consciência humana sobre o corpo e também sobre o ambiente que nos cerca. O Dr. John Hagelin, conhecido como promulgador de pensamentos pacíficos, foi o responsável pelo experimento e, nesse mesmo ano, recebeu o prêmio Nobel da Paz.

Foi um evento realizado para mostrar o quanto é possível – e importante – alinharmos nossa mente com nossas vibrações para atingir objetivos e conseguir o sucesso. Tudo está conectado, tudo é energia, luz, vibração! E está cientificamente comprovado.

Segundo Elainne Ourives, no livro *O DNA da cocriação*,[44] até o DNA passa por transformações por conta das vibrações que emanamos a partir de todo o processo de pulso eletromagnético que transmitimos por nossas emoções. Tudo é biológico, é entrelaçado com a frequência do universo.

Através de neurotransmissores, nosso cérebro encaminha para todo o corpo a vibração dos desejos pela química dos pensamentos. Elainne fala, entre muitas coisas, sobre a escala de emoções, que cada uma delas produz um tipo de onda que é captada pelo nosso cérebro e que se conecta a padrões parecidos do universo.

É por isso que, de forma simplista, algumas pessoas dizem que "é só pensar para acontecer". Obviamente, não se trata de uma interpretação tão rasa e sem fundamento assim. Há estudos, pesquisas, experimentos e muitas referências de estudiosos que se dedicaram e se

---

[44] OURIVES, Elainne. *O DNA da cocriação: sintonize seu novo eu*. São Paulo: Gente, 2020.

dedicam a entender por que algumas pessoas têm sucesso e são rodeadas de bons eventos, enquanto outras não.

É claro que é muito mais fácil se deixar levar pela inércia da maioria e não buscar conhecimento. Mas desde cedo, eu soube que não era isso o que eu queria fazer. Os livros que citei aqui refletem a minha busca por entender como a minha trajetória poderia ser direcionada para o objetivo que eu havia estabelecido para mim. Iniciei uma trajetória de estudos no segmento da mentalidade porque sempre tive a absoluta certeza de que o universo iria preencher o espaço que eu definisse a ele.

Fiz mapa dos sonhos, fiz listas, li muitos e muitos livros sobre o tema. E o mais importante: parti definitivamente para a ação, porque não é sobre entregar a responsabilidade para o universo, é sobre alinhar os seus pensamentos e as suas ações rumo àquilo que você quer.

A cada ano, me torno mais convicta do que desejo e fico mais focada na concretização da minha independência. Mostro ao universo o que quero e gero a sincronia de vibrações entre o meu desejo e as ondas vibracionais que eu procuro manter em meus pensamentos, focando apenas as emoções positivas que me levem a ter atitudes que tragam resultado.

Sempre tive consciência do quanto a minha mentalidade de aço me deu liberdade para "não dar bola" para coisas inúteis e que não iriam agregar em nada na minha caminhada. Desde conversas enriquecedoras a saber escolher quais livros leria e a quais filmes assistiria, sempre soube que alimentar meu repertório de insumos contribuiria para o meu crescimento.

É importante falar de comportamentos como hábitos porque, uma vez que consegui incutir na minha cabeça o que eu desejava, com clareza e predestinação do sucesso, pude também descobrir o quanto a rotina contribui para que eu possa me organizar e focar energia e vibrações no que eu determino ser importante. Consequentemente, meus três cérebros se organizam para que meu corpo responda satisfatoriamente no *pensar, fazer* e *ser*.

Mas, Camila, que papo é esse de três cérebros agora? Calma, miga, eu vou explicar.

Os três cérebros

Segundo Joe Dispenza em seu livro *Quebrando o hábito de ser você mesmo*,[45] temos três cérebros: um responsável pelo pensar (neocórtex); outro, pelo fazer (cérebro límbico, também conhecido como cérebro emocional); e o último, pelo ser (cerebelo). Tudo que observamos e passamos na vida passa por esses três cérebros, nessa exata ordem.

Eu posso aprender alguma coisa que me trará experiências que serão reconhecidas e emocionalmente processadas e, ao realizar repetições, esse se tornará um hábito. Por que diabos eu evitaria estabelecer uma rotina de pensamento de abundância e positividade, sendo que ela me abriria o horizonte de perspectivas e oportunidades? Por que não aproveitar esse conhecimento que fui adquirindo nos livros e vídeos e aplicar tudo isso no meu cotidiano para me livrar das crenças limitantes?

Outro ensinamento que foi crucial para a minha jornada foi ter a percepção de que pensamentos que nutrem escassez atraem mais escassez. Sabe quando, por exemplo, você vê alguém ganhando dinheiro ou realizando uma conquista que você gostaria de ter feito e solta um comentário carregado de ódio e recalque? Não adianta negar, sei que todas as pessoas fazem isso. "Olha ela, com todo esse dinheiro, até eu! Para ela é fácil, né?"

Esses comentários, que com certeza você conhece bem, só representam a frustração de não estar vivendo esse momento nem ganhando tanto dinheiro quanto a pessoa. É mais fácil encher a boca de palavras escassas que justificam a sua pobreza colocando a culpa no fato de que a outra pessoa ganha mais do que você. Esses pensamentos não são seus, eles foram apresentados, repetidos e embutidos na sua vida através de experiências, falas, bagagens, e hoje você simplesmente reproduz sem raciocinar se isso é seu.

Aliás, segundo Ryan Jones:

---

45 DISPENZA, Dr. Joe. **Quebrando o hábito de ser você mesmo: como reconstruir sua mente e criar um novo eu**. Porto Alegre: Citadel, 2018.

> Um dos comportamentos mais comuns em pessoas com uma mentalidade de abundância é a capacidade de assumir responsabilidades e fazer algo para mudar sua situação. Se você não reconhece sua responsabilidade em sua vida, não consegue se sentir habilitado a fazer algo para melhorar sua vida.[46]

Você vive o que você atrai

Sempre acreditei que nossa vida acontece de acordo com o que pensamos e como pensamos. Atraímos aquilo que está em nossa mente. Então, cuide do que você fala sobre dinheiro, sucesso e abundância, mesmo que seja de outra pessoa, porque está refletindo e vibrando para o universo o que você sente em relação àquele assunto.

Se você assumir um comportamento de mentalidade de escassez, o universo irá providenciar para que você continue nesse cenário de escassez. Assumir um comportamento de mentalidade de abundância vai aproximar você de todos os benefícios que uma pessoa de sucesso pode conquistar.

Adversidades pelo caminho são normais e não devemos fugir delas; ao contrário, elas podem servir como aprendizado. Pessoas de mentalidade abundante focam em resolver, investem tempo e energia em procurar soluções, e criam sistemas para que o problema não volte a acontecer. Em contrapartida, pessoas de mente escassa culpam os outros pelo problema e ficam reclamando.

Existem muitas pessoas que até têm uma condição elevada, por exemplo, um emprego estável, um negócio com um bom faturamento; entretanto, elas mantêm uma mentalidade recheada de limitações. Isso as impede de crescer e de ter uma evolução exponencial.

---

46 JONES, Ryan. **Mindset da abundância: guia definitivo para viver uma vida próspera, abundante e com qualidade de vida.** Kindle Unlimited: E-book, 2020.

"O dinheiro não muda ninguém, dinheiro apenas intensifica aquilo que você já é."[47]

Sempre ficou muito claro para mim que deveria fortalecer uma mentalidade de abundância justamente porque queria chegar em um momento da vida que não precisasse mais me preocupar com dinheiro. Por conta disso, penso em atingir um patamar que me permita estabelecer um estilo de vida consciente em que eu dispenda menos dinheiro e possa investir cada vez mais.

A zona de desconforto

Outra coisa que me incomodou a vida toda foi a tal "zona de conforto". O fogo no cu é impagável! O desejo constante de crescer e continuar seguindo em frente é uma característica marcante, que não se refere apenas ao espírito empreendedor que sempre tive orgulho de ter, mas também à prática consciente de estar na zona de desconforto.

Explorar novas oportunidades envolve correr riscos, conhecer pessoas, desenvolver estratégias, buscar conhecimento. Isso é desconfortável, mas é garantia de crescimento. O que não se move fica estagnado. E quanto mais amplio meu espaço, mais o universo se encarrega de preenchê-lo!

Eu sempre fico impressionada com a quantidade de desculpas que as pessoas dão para não ir atrás de seus projetos.

Antes, acho importante ressaltar que não estou defendendo que estamos todos no mesmo patamar e temos os mesmos recursos desde o início. Tenho consciência de como funciona a desigualdade social em nosso país. O que estou dizendo, miga, é que se você está com este livro em mãos, provavelmente conhece a Moving Girls e o trabalho de Camila Vidal. Por isso, posso assumir que você tem acesso à internet e à plataforma do Instagram. Isso já demonstra que você tem nas mãos

---

47 EKER, op. cit.

Explorar novas oportunidades envolve correr riscos, conhecer pessoas, desenvolver estratégias, buscar conhecimento.
Isso é desconfortável, mas é garantia de crescimento.
O que não se move fica estagnado.

— Camila Vidal

uma das ferramentas mais poderosas já criadas e que mudou a vida de tantas pessoas.

Pense na quantidade de empreendedoras que vemos surgir do zero e se tornar grandes empresárias porque tiveram a coragem de começar a criar conteúdo para a internet e expor seus pensamentos, transformando-se em marcas. Essas pessoas deram o primeiro passo rumo aos sonhos que estabeleceram para si mesmas, e você tem a oportunidade de fazer a mesma coisa se mantiver o seu foco no que realmente importa.

Encare as suas dificuldades como fases, assim como eu fazia no meu começo. Mesmo quando eu estava exausta conciliando meu emprego e minha agência de social media, eu pensava no futuro que sempre sonhei para mim. Lembra que eu disse que, durante um tempo, o meu maior objetivo era ter um salário de R$ 5 mil? Agora imagina se eu tivesse parado ali quando finalmente comecei a receber esse salário. Logo a felicidade de alcançar essa meta se tornaria frustração em me ver parada, sem evoluir. Surgiria um novo objetivo e novas dificuldades, e assim encararia como uma fase.

E, de fato, foi uma fase que ficou no passado, mas que serviu para validar o que sempre tive: convicção. Vale a pena, sim, planejar, se esforçar, se empenhar, se sacrificar. E está tudo bem perder um churrasco no domingo ou um passeio com os amigos para correr atrás do seu objetivo. Quando você o alcançar, poderá aproveitar em dobro e, melhor, com a tranquilidade de ter garantido a sua liberdade financeira.

Quando digo que tenho a mentalidade de aço, é porque tenho absoluta convicção do que estou fazendo. Acredito e conheço o caminho e, por isso, transfiro a mesma confiança que deposito em mim mesma para as pessoas à minha volta, minhas alunas, minhas clientes, meus parceiros de negócio.

Longe de ser "papo de guru", como dizem por aí: isso se explica por nossa natureza, por estudos científicos que provam o quanto a linguagem não verbal está presente em nossa rotina, mesmo de maneira inconsciente. Quando alguém não tem convicção no que diz, torna-se nítido pelas expressões faciais, pelos movimentos do corpo. Esse descompasso entre a comunicação verbal e a não verbal provoca o afastamento e a descrença das pessoas.

Qual a consequência óbvia? Você não convence ninguém e, assim, não alavanca negócio algum, porque quem não convence e não passa confiança, não vende nada e, logicamente, não prospera. Agora você consegue entender que a mentalidade de aço tem um porquê? É como uma força motriz, um dínamo que mantém em alta rotação a capacidade de buscar oportunidades e concretizá-las.

Leonard Mlodinow[48] fala da dominação social como uma das formas de linguagem não verbal da humanidade, e entre as maneiras de sinalizar a dominação, está o ajuste que fazemos subliminarmente quando olhamos nos olhos do outro: quanto mais tempo o fizermos, maior será a posição na hierarquia da conversa.

Percebe como nossos comportamentos ditam se teremos ou não sucesso? Basta compreendermos nossa natureza e como podemos utilizá-la em função do que desejamos! Por isso, nós somos o que pensamos. Se podemos racionalizar com clareza e pensamento poderoso, podemos, também, com a devida convicção sobre nossos desejos, construir uma maneira de vivermos preparadas para produzir o que sonhamos.

A mudança vem de dentro para fora, miga. É preciso cultivar um pensamento poderoso, colocando em ação a mentalidade de abundância para conseguir entrar em uma vibração tal que o universo entenda o que queremos e preencha o espaço que vamos abrindo para receber tudo o que desejamos. Não basta evitar a mentalidade de escassez. É necessário estar atenta ao ambiente e às pessoas que te cercam. Essa negatividade mina nossa frequência e acabamos ficando restritas a esse pequeno horizonte das reclamações.

Abra seu horizonte! Abra sua mente e cultive a abundância!

> **E você pode me perguntar o que a mentalidade tem a ver com as vendas. E eu te digo: tudo!**

---

48 MLODINOW, Leonard. **Subliminar: como o inconsciente influencia nossas vidas**. Rio de Janeiro: Zahar, 2014.

Seja uma vendedora foda!

Para começar, crescemos com a percepção de que se o fulano se tornou vendedor, é porque não deu certo na vida. O coitado não conseguiu fazer uma faculdade e, por conta disso, teve que "se virar". Essa é uma visão absolutamente estreita, típica de escassez. Até porque faculdade não define sucesso.

Eu repito: estamos cercados por vendas o tempo todo. Uma ideia que queremos mostrar que é boa, uma percepção sobre determinado assunto que queremos convencer que está certa, um desejo que queremos ter atendido. Estamos sempre convencendo alguém de alguma coisa ou sendo convencidos por alguém de alguma coisa.

É essa capacidade de "vender bem o seu peixe" que lhe garantirá uma boa posição no mercado. Independentemente se o sujeito é formado ou não, ele tem que saber se vender! É preciso persuadir, comunicar bem, convencer. E quanto melhor você fizer isso, mais bem posicionada você ficará no mercado, tendo uma vantagem significativa sobre aqueles que só reclamam da vida e não passam qualquer confiança!

Martin Luther King Jr. comunicou com excelência: *"I have a dream!"* ("Eu tenho um sonho!"), e, então, liderou uma marcha sobre Washington que reuniu 250 mil pessoas. Em 1964, ele recebeu o prêmio Nobel da Paz e foi criada a Lei de Direitos Civis. Ele moveu milhares de pessoas, não somente negras, devido à sua eficiência de comunicar que, por meio da luta pelos direitos civis dos negros, todos poderiam viver harmoniosamente.

A maneira de comunicar um sonho é fundamental para que ele possa se tornar realidade. É no comprometimento e no fato de deixar-se consumir pelo desejo de ser grande e pela dedicação a aprender que está a diferença entre a mediocridade e a grandeza.

É muito comum encontrar pessoas reclamando que a vida é difícil e que nunca chegarão onde querem. E certamente não chegarão, pois gastam o tempo reclamando em vez de agindo. Sem atitude não há comprometimento e, obviamente, também não há resultados.

Grant Cardone[49] defende uma mentalidade incansável e coloca uma equação extremamente simples e objetiva que traduz muito bem o que "incansável" quer dizer:

COMPROMETIMENTO = RESULTADOS = felicidade

O conhecimento é poder. Se a ideia é vender determinado produto, é imprescindível que você tenha a convicção de que esse é de fato um bom produto. Antes de buscar convencer um potencial cliente, você precisa convencer a si mesma. E para isso é necessário empenhar-se ao máximo, estudar sobre o que pretende vender, ter certeza de suas qualidades e do impacto positivo que você causará em quem comprar o produto.

Veja só como tudo se encaixa! Uma vez que você tiver construído a sua mentalidade de abundância, estará preparada para dar e receber coisas boas, honestas, dignas, agindo e tendo à sua volta atitudes éticas e morais.

Tudo se harmoniza porque está na mesma vibração, seguindo os mesmos valores, e assim você entra na frequência da materialização do sucesso do seu negócio tendo como ferramentas principais a sua convicção e a sua credibilidade. Tudo fica evidente: sua aparência, sua linguagem verbal e não verbal em perfeita harmonia, derrubando as barreiras entre você e o seu cliente.

Aliás, é muito importante lembrar que a preocupação com o cliente é imprescindível. Ter a mentalidade aberta e fortalecida para ouvi-lo, compreendê-lo, assimilar necessidades, medos, anseios e dores. Concordar com a realidade do outro faz parte da compreensão, e não quer dizer que você terá que assumir essa realidade para si, tampouco que está manipulando a situação. Quer dizer apenas que você possui a capacidade de ouvir, discernir e entender a necessidade do cliente. Nesse momento, outra característica marcante da mente mi-

---
49 CARDONE, op. cit.

lionária deve se fazer evidente, que é a capacidade de assumir a responsabilidade por si mesmo, pelo potencial cliente e por tudo que acontecer até fechar o negócio.

Mesmo no processo de venda, a mentalidade é extremamente marcante e não há como evitar amparar-se nela, porque, afinal, é assim que a nossa realidade é construída e temos que estar presentes nesse processo.

Segundo Amy Cuddy,[50] para estar verdadeiramente presente, é preciso se expressar estando atenta, conectada, integrada e focada. Nisso se inclui alimentar o paradoxo de ouvir: ao renunciarmos ao poder, ficamos mais poderosos, pois aproveitamos a oportunidade para saber quais são as soluções de que o outro precisa, o que ele anseia, o que ele teme.

Em uma situação de mentalidade escassa, a sensação de impotência diante do desafio de uma venda enfraquece a capacidade de confiarmos em nós mesmas. E se não temos autoconfiança, como podemos exigir que o cliente confie em nós? Ele com certeza não confiará e, portanto, não fechará a venda. E, assim, tem-se o ciclo da escassez, que gera reclamações e insatisfações por parte do vendedor, que acredita que o problema está em seu produto, no cliente, na economia, nas circunstâncias, em tudo, menos em si mesmo.

O ato de culpar o outro pelo fracasso é típico de pessoas que não cuidam da sua energia, que não priorizam uma mente forte. Elas acentuam a sensação de impotência e ansiedade, enfraquecem o raciocínio, o controle de atenção e outras habilidades para enfrentar adversidades.

O livro *Seja inesquecível* reforça tudo isso e constrói uma ponte entre a mentalidade e a comunicação para gerar uma venda de sucesso. Ele descreve de maneira excepcional as muitas formas de comunicar com eficiência e de nos comportar diante de situações em que a nossa consciência deve estar plena e totalmente presente:

> Presença está no nosso controle e pode se manifestar com confiança, em um estado de entusiasmo apaixonado, sincronia entre o verbal,

---

[50] CUDDY, Amy. **O poder da presença**. Rio de Janeiro: Sextante, 2016.

o não verbal e o vocal. Outra forma de manifestar presença é ouvir efetivamente o outro. Quando as pessoas se sentem ouvidas, ficam mais dispostas a corresponder.[51]

Explorar essa capacidade de comunicar e garantir a venda está invariavelmente ancorado na forma como lidamos com a nossa mentalidade e alimentamos esse feedback. E é por isso que tudo faz sentido se desenvolvermos nossa postura voltada para a abundância. É isso que nos faz crescer, nos favorece, proporciona ao universo a informação de que você está pronta para viver aquilo que almeja e faz as vibrações entrarem em sintonia.

Vender é uma troca de energia, um ato de abundância para todos os lados. Não existe problema algum em você vender o que acredita e ser bem paga pelo seu trabalho. Se não quebrar esses conceitos sobre vendas, esse ato sempre será um grande obstáculo para você.

==É por meio das vendas e dos faturamentos que seu negócio e seus sonhos se tornam reais.==

Acreditar em si mesma é o primeiro passo para tirar o seu sonho do papel e criar o seu negócio do zero. Mudar o seu pensamento e confiar no poder da abundância são ações práticas e eficazes na transformação da sua vida.

Você está pronta ou não para a dominação mundial?

---

51 KOVALIC, Roberto; KYRILLOS, Leny; GONÇALVES, Robson; BORSATO, Cíntia. **Seja inesquecível: acabe com o medo, domine a linguagem corporal, verbal e use a neurociência para expressar ideias e encantar o público.** São Paulo: Gente, 2021.

CAPÍTULO 10

CONSELHOS QUE EU GOSTARIA DE TER RECEBIDO QUANDO COMECEI

O primeiro ponto para reflexão é este: a vida é feita de encontros! Encontros com pessoas que transformam a nossa vida.

— Luciano Kalil e Marilvia de Oliveira

Sabe, eu fiquei pensando sobre qual seria a melhor maneira de finalizar este livro e muitas ideias me vieram à cabeça, mas nenhuma delas bateu com o desejo de te ver realizando o sonho de empreender, se tornar uma empresária de sucesso e dominar o mundo. Por isso, para fechar este livro, organizei uma lista com os conselhos que eu gostaria de ter recebido quando eu comecei, e agora, como sua mentora, dou a você.

Anote a dica valiosa deste capítulo: se você colocar esses dez conselhos em prática, eu garanto que a jornada será muito mais feliz e que você irá realizar ainda mais rápido seus planos de dominar o mundo e ter um negócio que te gere dinheiro, satisfação e liberdade! E sabe por que eu afirmo isso com tanta certeza? Porque eu mesma aplico esses conselhos no meu dia a dia, cada um deles. E todos foram aprendidos com muita experiência e riscos que eu decidi assumir.

Está preparada?

1 **Não se preocupe em provar para sua família e seus amigos que o que você está fazendo vai dar certo,** apenas trabalhe nisso, incansavelmente e releve todos os comentários que disserem que um emprego fixo é mais seguro. Geralmente, as pessoas que dizem isso apenas não têm a mesma visão de mundo que você e simplesmente não entendem como alguém pode querer assumir riscos e ter um negócio próprio.

2 **Pare de seguir pessoas que minam a sua energia, que te causam ansiedade,** que querem justificar a merda de vida que você não precisa ter dizendo que tudo é difícil, que nada é justo e que rico tem que se foder! Pare! Se você segue pessoas que estão falando de outras pessoas, irá se diminuir para caber nessa roda. Na vida só existem dois tipos de pessoas, os faladores e os fazedores. E geralmente quem está falando não está fazendo.

3 **Cuide da sua mente, fortaleça sua mentalidade, pense em coisas que você realmente quer viver,** blinde sua mente, não internalize coisas que te fazem desistir. Aprenda a pensar apenas na sua evolução, no seu trabalho, numa vida abundante e cultive pensamentos que te fortaleçam. Nenhuma estratégia resiste a uma mente fraca!

4 **Pratique o merecimento!** Comemore as vitórias semanalmente: as vendas, a chegada de um cliente novo, a assinatura de um novo contrato, alguma coisa que tenha dado certo! Se arrume para tomar um vinho, peça uma pizza, comemore com quem você ama, brinde, saia para tomar um café com aquela pessoa especial a cada avanço. Isso ajuda a deixar a carga mais leve, a honrar as conquistas ao longo da trajetória e a aprender a desfrutar durante o caminho!

5 **Aprenda rápido, aplique rápido, erre rápido, valide rápido!** Pare de fazer seu cérebro ficar guardando coisas, pare de aprender coisas novas sem nunca aplicá-las. As únicas pessoas capazes de avançar são aquelas que erram, porque isso foi um sinal que de elas tentaram. Tentaram até acertar!

6 **Permita-se estar em lugares onde você quer viver no futuro!** Sonha com aquele carrão? Visite uma concessionária! Sonha com uma casa linda? Visite aquele apartamento! Vá àquele restaurante que você sempre quis conhecer, ouse comprar algo sem olhar o preço uma única vez. Treine o seu cérebro para a vida que você quer ter! E nunca mais diga que você não é merecedora ou que não se vê em lugares assim.

7 **As únicas coisas capazes de te trazer sucesso são as que você faz com constância, consistência e obstinação!** Sem repetição diária, você nunca terá nada!

8 **Seja uma empresária, pare de ser amadora!** Cuide da burocracia da sua empresa, do atendimento, faça suas entregas, não se aproveite de ninguém, não queira ser esperta, pague seus impostos, registre sua marca, tenha o seu site, não dependa do Instagram. Pense a longo prazo, estude, informe-se e seja interessada.

9 **Venda ou seja vendido!** Esse é o título de uma das obras do Grant Cardone que comentei neste livro, e é a mais pura verdade! Você é uma empresária, tem um negócio e precisa vender, se quiser realizar seus objetivos. Portanto, acaba hoje esse discurso de "não quero parecer que tô vendendo"... Seja uma líder para o seu cliente! Cuide de cada detalhe: o seu posicionamento estratégico, o seu *branding*, a construção da sua comunidade e seu movimento na internet! TU-DO COMUNICA!

Desde que você
esteja fazendo
o seu trabalho com
integridade, alma
e comprometimento,
qualquer coisa que
disserem sobre você,
na verdade,
é sobre eles.

— CAMILA VIDAL

10 **Desenvolva inteligência emocional.** Você vai se decepcionar com algumas pessoas, com estratégias mal escolhidas, com pensamentos, ações e falas dos outros sobre você (por trás ou pela frente). No final de tudo, foda-se! Você vai crescer e isso vai mexer com o ego de muitos. Desde que você esteja fazendo o seu trabalho com integridade, alma e comprometimento, qualquer coisa que disserem sobre você, na verdade, é sobre eles. Ouça seus clientes, esteja aberta a receber feedbacks deles e a melhorar com isso, cuide das pessoas e seja agressiva com os números!

Eu amaria ter recebido todos esses conselhos quando estava começando e fico feliz por dividir ensinamentos tão valiosos com você.

Bora dominar o mundo, miga!

Agradecimentos especiais

Obrigada a minha comunidade, às minhas alunas, seguidoras e mentoradas! Obrigada a cada empreendedora que ajuda a construir diariamente a Moving Girls, essa comunidade e local seguro, onde tantas mulheres encontram o caminho para acessar sua máxima potência!

Minhas alunas, que eu respondo carinhosamente com áudios no Instagram, que leem a Carta da CEO, que participam das nossas *lives* de segunda-feira de manhã, eu amo vocês e sou grata por cada uma ser uma #MovingGirl e cultivar uma mentalidade de aço!

Obrigada à Malu, minha editora, que tornou real esse sonho incrível de escrever um livro. Um obrigada a todas as pessoas especiais da HarperCollins que abraçaram a Moving e a mim com tanto carinho!

Este livro é o nosso grito alto e um aval direto de que você, empreendedora, pode construir coisas inimagináveis através do seu trabalho e impacto!

Obrigada por ler este livro e acreditar nos seus sonhos e objetivos; por devorar cada palavra e fazer disso um impulso para se lançar ao novo, à realização de tudo que deseja!

E se você que leu este livro, ainda não me conhecia, um agradecimento cheio de fogo por me dar essa chance de, através do meu conteúdo, impactar de alguma forma suas percepções! Te convido a continuar me acompanhando em @camilavidal e @movinggirls lá no Instagram.

10 **Desenvolva inteligência emocional.** Você vai se decepcionar com algumas pessoas, com estratégias mal escolhidas, com pensamentos, ações e falas dos outros sobre você (por trás ou pela frente). No final de tudo, foda-se! Você vai crescer e isso vai mexer com o ego de muitos. Desde que você esteja fazendo o seu trabalho com integridade, alma e comprometimento, qualquer coisa que disserem sobre você, na verdade, é sobre eles. Ouça seus clientes, esteja aberta a receber feedbacks deles e a melhorar com isso, cuide das pessoas e seja agressiva com os números!

Eu amaria ter recebido todos esses conselhos quando estava começando e fico feliz por dividir ensinamentos tão valiosos com você.

Bora dominar o mundo, miga!

Agradecimentos especiais

Obrigada a minha comunidade, às minhas alunas, seguidoras e mentoradas! Obrigada a cada empreendedora que ajuda a construir diariamente a Moving Girls, essa comunidade e local seguro, onde tantas mulheres encontram o caminho para acessar sua máxima potência!

Minhas alunas, que eu respondo carinhosamente com áudios no Instagram, que leem a Carta da CEO, que participam das nossas *lives* de segunda-feira de manhã, eu amo vocês e sou grata por cada uma ser uma #MovingGirl e cultivar uma mentalidade de aço!

Obrigada à Malu, minha editora, que tornou real esse sonho incrível de escrever um livro. Um obrigada a todas as pessoas especiais da HarperCollins que abraçaram a Moving e a mim com tanto carinho!

Este livro é o nosso grito alto e um aval direto de que você, empreendedora, pode construir coisas inimagináveis através do seu trabalho e impacto!

Obrigada por ler este livro e acreditar nos seus sonhos e objetivos; por devorar cada palavra e fazer disso um impulso para se lançar ao novo, à realização de tudo que deseja!

E se você que leu este livro, ainda não me conhecia, um agradecimento cheio de fogo por me dar essa chance de, através do meu conteúdo, impactar de alguma forma suas percepções! Te convido a continuar me acompanhando em @camilavidal e @movinggirls lá no Instagram.

Sobre a autora e a Moving Girls

Camila Vidal se tornou uma empreendedora em 2013, e desde então se viu apaixonada pela liberdade e pelas possibilidades que o mundo dos negócios tem a oferecer. Em sua agência, atuou com gerenciamento de mídias sociais, projetos de design, identidade visual, *branding* e *naming*. Mas tudo mudou quando criou a Moving Girls, comunidade voltada ao empreendedorismo feminino, para mulheres que desejam construir suas próprias histórias.

O que começou como um lugar seguro para o compartilhamento de experiências e desabafos, se tornou uma rede sólida de mulheres empreendedoras.

Hoje, a Moving Girls é uma empresa de sucesso, tendo se especializado em marketing de comunidade, construção de comunidades digitais, *primal branding* e *wikibrands*. Camila descobriu como desenvolver um negócio sustentável na internet e atualmente realiza consultorias para que outros negócios criem suas próprias comunidades, além de colocar a Moving Girls no ramo da educação para ajudar mulheres a definirem seus próprios destinos.

Este livro foi impresso pela Lis gráfica, em 2022, para a
HarperCollins Brasil. A fonte do miolo é a Dante.
O papel do miolo é Pólen Bold 90g/m² e o da capa é Cartão 250 g/m².